# 백화제방과 백가쟁명의 르네상스

진원숙 지음

도서출판 신서원

## 저자 소개

계명대학고 인문대학 사학과에서 서양역사를 강의하고 있으며, 『마키아벨리와 국가이성』·『시민적 휴머니즘과 인간·역사·과학』·『르네상스사론』·『르네상스의 사상과 그 원천』·『서양 근대사 1500~1815』 등의 저서와 역서 및 이탈리아 르네상스문화에 관한 여러 편의 논문이 있다.

또한 평이한 서술로 서양역사 읽기를 돕기 위해 『증보 서양사산책』·『손에 잡히는 서양사 이야기』(2 vols.)·『지중해 문화사 이야기』(3 vol.)·『뒤집어 있는 역사 이야기 55』·『십자군, 성전과 약탈의 역사』·『주니어를 위한 역사 이야기』 등을 지었다.

[역사여행 010]
백화제방과 백가쟁명의 르네상스

2006년 12월 10일 초판1쇄 인쇄
2006년 12월 15일 초판1쇄 발행

저　자 ▪ 진원숙
펴낸이 ▪ 임성렬
펴낸곳 ▪ 도서출판 신서원
서울시 종로구 교남동 47-2 협신빌딩 209호
전화 : (02)739-0222·3　팩스 : (02)739-0224
등록 : 제1-1805(1994. 11.9)
ISBN ▪ 89-7940-704-1

신서원은 부모의 서가에서 자녀의 책꽂이로
'대물림'할 수 있기를 바라며 책을 만들고 있습니다.
잘못된 책은 연락주세요.

역사여행 010

# 백화제방과 백가쟁명의 르네상스

진원숙 지음

# 머리말

고대의 오리엔트 문명, 그리스-로마의 고전 문명, 비잔틴과 이슬람 문명의 무대였던 지중해 세계. 그 지중해 세계는 15세기에 다시 찬란한 문명의 무대로 복귀했다. 지중해 세계의 중심에 자리잡고 있는 이탈리아반도, 1천 년 가까이 지중해 세계를 지배한 공화국과 제국 로마의 심장부였던 이탈리아반도. 그 이탈리아반도가 14세기 후엽부터 16세기에 이르기까지 백화제방과 백가쟁명의 르네상스 문화를 꽃피움으로써 지중해가 세계 문화의 산실임을 다시 한번 입증했다.

비교적 잘 알려져 있지만 1930년대 이후 이른바 중세주의자(medievalist)들에 의해 르네상스가 서양 근대의 문을 연 것으로 본 부르크하르트(J. Burckhardt)의 고전적 설명은 크게 흔들려 왔다. 중세주의자들은 르네상스를 중세의 후기 단계일 뿐이거나 중세보다 오히려 퇴보한 시기로 파악했다.

예컨대 사턴(G. Sarton)에 따르면 자연과학의 경우 르네상스는 중세와 17세기 사이의 암흑기일 뿐이었다. 그들은 심지어 르네상스의 존재 자체를 부정하기까지 했다. 하지만 사계의 학자들 모두가 중세주의자들의 주장을 수용하는 것은 아니다. 그들은 르네상스가 적어도 중세와 다름이 없거나 중세보다 퇴보한 시대로 보는 것에 동의하지 않는다. 사실 오늘날 많은 학자들은 르네상스가 새로운 질서와 문화로 향해 간 하나의 변천기라는 것에 동의한다.

브루니나 팔미에리 같은 휴머니스트들의 적극적이고 현세적인 세계관, 마네티나 피코에서 볼 수 있는 인간 존엄관, 마키아벨리의 실증적 정치철학, 수다한 화가들의 사실주의적 그림들, 레오나르도 다 빈치의 해부학적 그림과 각종의 설계도, 그것들은 바로 이탈리아 르네상스가 인류에게 남겨준 빛나는 유산의 일부이다. 14세기 후엽부터 이탈리아반도에서 만개한 르네상스 문화는 세계관과 인간관에서, 문학과 예술에서, 정치적 제도와 이론 등 여러 부문에서 새로운 모습을, 적어도 새로운 경향을 보여주었다.

# 목 차

# 1

# 이탈리아 르네상스

## 그 의미와 역사적 배경

### 그리스-로마의 부활

#### 르네상스란?

'부활' 혹은 '재생'을 뜻하는 '르네상스(*Renaissance*)'는 19세기에 처음 사용된 프랑스어다. 19세기의 프랑스인들은 14세기 후엽부터 16·17세기까지의 유럽 문화를 설명하면서 르네상스라는 용어를 사용하기 시작했다. 물론 그들이 의미한 부활은 곧 그리스-로마의 역사와 문화의 부활이고 그리스-로마의 세계관과 가치관의 부활이다.

최초의 휴머니스트(humanist 인문주의자)로 불리는 페트라르카(Francesco Petrarca)를 비롯해 14·15세기 이탈리아의 휴머니스트들은 자신들이야말로 중세의 오류와 한계를 벗어나 새로운 시대를 열고 있다고 믿었다. 그리고 그들은 바로 앞의 중세가 아니라 1천여 년 전에 사라진 고대를 계승한다고 자부했고 또 계승하기 위해 노력했다. 그것은 물론 그들이 중세 문화를 부정적으로 평가하였다는 것을 의미한다.

인문주의자들은 西로마제국 멸망(476) 이후부터 자기들의 시대까지의 1천여 년(중세)을 '암흑시대'라 불렀다. 어느 시대의 사람들이든 정도를 불문하고 자신들은 새 시대를 열고 새로운 문화를 창조한다고 자부하지만, 르네상스 인문주의자들은 자신들이야말로 중세 1천 년의 암흑시대를 극복하고 새로운 문명 세계를 열고 있다고 자부했다.

오늘날 일반화되어 있는 고대·중세·근대의 시대 구분은 물론 이탈리아 르네상스의 인문주의자들이 만들어낸 것이었다. 페트라르카는 '예수의 이름이 로마에서 예찬되고 황제들의 숭배를 받기 전'을 고대(*antiquis*)로, 그 이후부터 자기 시대까지를 근대(*novis*)로 표현하였다. 그는 시대를 기독교 전래 이전과 이후로 나누었기 때문에 아직 중세와 근대를 구분하지 않았다.

하지만 그는 로마제국 멸망 이후 약 1천 년 동안을 '암흑시대'로 묘사했다. 그에 의하면 유럽의 역사는 로마가 기독교로 개종한 이후부터 반계몽주의적 암흑의 길로 들어섰으며 자기시대에 이르기까지 중세 1천 년의 역사는 암흑의 역사였다는 것이다.[1)]

새로운 경향이나 성취에 흔히 '르네상스'란 수식어를 붙이는가 하면 임진왜란과 병자호란 이후의 영조와 정조 시대의 문화적 성취를 〔이탈리아〕 르네상스에 비교하여 '문예부흥'으로 묘사하기도 한다. 하지만 엄밀한 의미에서 볼 경우 새로운 성취나 중흥으로 규정할 수 있는 어떤 일을 '르네상스'로 묘사하는 것은 옳지 않다.

사실 14·15세기의 르네상스와 영·정조 시대의 문화적 융성은 기본적 성격과 방향에서 적지 않은 차이가 있다. 17·18세기 영·정조 시대의 그것은 임진왜란과 병자호란 이후 침체한 문예를 새로이 일으키고 중흥시킨 일반적 문화운동인데 반해 유럽의 르네상스는 그리스-로마의 정신과 가치는 물론 그리스-로마의 모든 것을 본받고 배워 중세 기독교 세계와 그 문화의 한계성을 극복하려 한 것이다.

물론 시대를 달리하는 두 문화운동이 서양과 조선의 문

화를 크게 발전시킨 점에서는 동일하지만 하나는 '부활'을 지향한 것이고 다른 하나는 '중흥'을 성취했다.

### 그리스-로마의 부활

이탈리아 르네상스는 위에서 지적했듯이 고대 그리스-로마의 정신과 문화를 부활시켜 중세와는 다른 세계를 창조하려 한 신 문화운동이었다. 이탈리아의 휴머니스트들은 그러므로 중세 1천 년의 역사와 문화가 아니라 그리스-로마의 문화와 역사를 모델로 삼았고, 그리스-로마적 이념과 가치를 되살려 자신들의 학문적·문화적 창조의 지침으로 삼으려 했다. 그들에 있어서 고대의 학자와 문학가들은 배우고 본받아야 할 선생이었다.

대표적 휴머니스트였던 브루니(Leonardo Bruni)는 자기 시대의 사람들을 고대인을 배우고 본받아야 할 '난장이들'로 묘사했다.[2] 휴머니스트들이야말로 그리스와 로마인들이 생각하고 행동했던 그대로 생각하고 행동하려 했던 사람들이었다. 그러므로 르네상스사(史)를 연구하는 일부 역사가들은 아래에서 보듯이 이탈리아 르네상스 문화를 '모방' 문화로 인식하여 그 역사적 의미를 평가절하하기도 한다.

□ 라틴 문화와 라틴 고전에의 몰두

이탈리아의 휴머니스트들은 그처럼 고대 그리스와 로마를 배우고 본받으려 했지만, 대개의 경우 로마에 더 많이 의지했다. 그들은 물론 호메로스 · 플라톤 · 아리스토텔레스 · 아이스킬루스 같은 그리스의 철학자와 문학자들도 연구하고 의지하려 했다. 하지만 그들은 로마의 역사와 문화를 연구하고, 라틴어 고전을 발굴하여 진위를 가리고 주해하는 일에 더 몰두했다. 대부분의 휴머니스트들은 키케로 · 세네카 · 퀸틸리아누스 · 베르질리우스 · 락탄티우스 · 플리니우스 같은 로마 학자들을 모범이나 준거로 삼으려 했다. 그 중에서도 휴머니스트들이 가장 많이 의지한 인물은 키케로였다.

이탈리아 휴머니스트들이 라틴 고전을 더 중요시한 것은 마키아벨리(N. Machiavelli)에서도 나타난다. 그가 『논고』를 서술하면서 참조하고 의지한 인물들을 분석해 볼 경우 그리스인에 비해 로마인이 수에 있어서나 빈도에 있어서 훨씬 더 많다. 그리스의 경우 아리스토텔레스 · 헤로도토스 · 투키디데스 · 크세노폰 · 이소크라테스 등에 불과하나 로마의 경우 위에서 든 인물들 외에도 플루타르코스 · 타키투스 · 유베날리우스 · 아피아누스 등이 등장한다.[3)]

휴머니스트 역사가들의 주제는 대개 자기들 도시국가의 역사와 로마의 역사였다. 휴머니스트들에 있어서 고대 로마의 역사는 사실 자국의 고대사였다. 게다가 휴머니스트들은 로마의 역사만이 문명 세계의 역사이고 그밖에 역사는 야만족인 고트족(Goths) 세계의 역사였다. 그러므로 페트라르카는 역사 쓰기를 '로마를 예찬하는 일'로 여겼다. 뿐만 아니라 휴머니스트 출신 역사가들은 고대 로마의 역사가들을 모범으로 삼아 역사를 서술했다. 브루니·포지오(Poggio Bracciolini)·마키아벨리 같은 휴머니스트들은 살루스트와 리비우스 같은 로마 역사가에 의지하려 했다.

부르크하르트는 페트라르카를 일종의 살아 있는 고대의 대리자로 보았지만, 페트라르카는 휴머니스트들의 고대 로마에 대한 태도를 실증해 준다. 그는 모든 형태의 라틴시를 모방하려 했고 자신의 저작으로 고대인들의 작품을 대체하려 한 것이 아니라 더 잘 알려지게 하려 했다. 부르크하르트가 설명하는 페트라르카는 자신의 이탈리아어 시를 폐기하는 것이 라틴 고전을 기억하게 하는 데 도움이 될 것으로 여겼다면 그렇게 했을 것이다. 보카치오(G. Boccaccio)가, 『데카메론』이 유럽에 소개되기 전에, 유럽에 널

리 알려진 것은 라틴어로 신화학·지리학·전기 등을 편집했기 때문이었다.[4]

☞ **키케로주의자 페트라르카와 브루니** 최초의 휴머니스트일 뿐만 아니라 이탈리아 르네상스 문화를 대표하는 페트라르카는 '키케로주의자'로 자처했다. 그는 키케로를 따라 철학을 활동적 학문으로 바꾸고 수사학을 진리에 이르는 학문으로 삼으려 했다. 청년시절부터 키케로에 매료되었음을 고백한 그는 자신의 글에서 "키케로는…고 말했다" "키케로에 의하면… 이다" "키케로는… 을 알았다"는 식으로 말한다.[5]

키케로에 의해 학문과 정치가 이상적으로 결합한 것으로 믿은 브루니 또한 키케로주의자였다. 그를 비롯한 휴머니스트들은 키케로의 두 명제 –시민의 기본적 의무는 공동체에 봉사하는 것이고, 공적 일에 적극적으로 참여하는 것은 개인의 지성을 증대시킨다– 를 적극적으로 수용했다.

브루니는 키케로의 『웅변론(*De oratore*)』을 본떠 『대화집(*Dialogi*)』과 『신 키케로(*Cicero Nouvs*)』를 저술했다. 결국 키케로는 지적 생활에서는 물론 정치적 활동에서도 휴머니스트들의 모범이 되었고 그의 저작들은 휴머니스트들의 학문과 생활의 지침서 역할을 했다.[6]

□ 라틴 문화에 몰두한 원인

이탈리아의 휴머니스트들이 로마의 문화와 역사에 더

지아코모 프랑코의 '세상이라는 무대'(코레르박물관, 베네치아)

큰 관심을 갖고 라틴 고전에 더 의지한 것에는 아마 그리스어와 라틴어라는 언어 문제도 작용했을 것이다. 주지하듯이 중세와 근대 초의 서유럽의 공적·종교적·학문적 언어는 라틴어였다. 라틴어는 지적 활동의 매개체였다. 이탈리아의 휴머니스트들은 아래에서 보듯이 모국어로 작품을 쓰기도 했지만 대개의 경우 라틴어로 학문 활동을 하고 작품을 썼다. 사실 그들은 라틴어에 정통한 학자들이었고 또한 라틴어를 가르친 교사들이기도 했다.

그러나 그리스어의 경우 상황은 달라진다. 예컨대 마키아벨리는 그리스어를 몰랐거나 아니면 겨우 해독할 정도였을 것으로 평가된다. 대표적 휴머니스트 중의 1인이었던 브루니가 그리스어를 본격적으로 배운 것은 이탈리아 르네상스가 전성기에 진입하던 1398년 말이었다. 그에게 그리스어를 가르친 비잔틴제국의 크리솔로라스(M.Chrysoloras)가 1390년대에 피렌체에서 그리스어를 교수하기 시작했다는 사실은 휴머니스트와 그리스어의 관계를 짐작할 수 있게 해준다. 일부 역사가들은 브루니가 크리솔로라스로부터 비로소 그리스어를 배웠다는 사실에 근거하여 페트라르카마저도 그리스어를 거의 해독할 수 없었을 것으로 본다.[7)]

로마의 법률과 제도들이 중세 유럽에 직접적 영향을 지

속적으로 끼쳤다는 점도 염두에 두어야 한다. 잘 알려져 있듯이 로마의 법률은 교회법을 통해 중세에도 살아 있었다. 이탈리아 휴머니스트들의 '로마'에 대한 동경 또한 그들로 하여금 라틴 고전에 더 몰두하게 했을 것이다. 이탈리아반도는 로마의 고전 문화가 융성한 땅이며 그 고전 문화를 창조한 로마인은 바로 이탈리아인의 조상이었다.

휴머니스트 역사가들에 있어서 로마역사 예찬은 바로 자국의 역사 예찬이었다. 더욱이 르네상스 시기의 이탈리아는 아래에서 보듯이 극심한 정치적 분열상태에 있었고 따라서 휴머니스트들은 광대하되 통일된 로마, 강력한 국력으로 주변민족을 제압한 로마를 동경했다. 콜라 디 리엔조(Cola di Rienzo)가 로마제국 부흥운동을 전개하고 페트라르카가 그를 지원한 사실이 그것을 입증해 준다.

☞ 고대인 vs 근대인 "휴머니스트들은 맹목적 고대모방으로 시종(始終)했을 뿐 혁신을 성취하지 못했다고 하는 주장은 일견 타당성이 있어 보인다. 위에서 르네상스의 '키케로주의'를 지적했지만, 휴머니스트들은 고대를 본받아야 할 모범으로 여긴 반면 자기 시대를 과소평가하기도 했다.

피렌체의 대표적 휴머니스트였던 살루타티(Coluccio Salutati)도 자기 시대 사람들을 새로운 것은 만들지 않고 고대의 부스

러기를 이어 맞추는 서투른 직공에 비유했다. 브루니 또한 "어느 점에서 우리가 〔그들과〕 유사하거나 동등한가?"고 말했다. 그는 플루타르코스의 한 작품(Vita Sertorii)을 번역하면서 "우리 시대는 공적 일이나 통치, 웅변이나 훌륭한 예술의 연구 어느 것에서나 고대인들과 겨룰 수 없다"고 말했다. 그는 심지어 자기 시대 사람들을 고대인과 비교해 난장이로 평가했다.

그러나 다른 한편 휴머니스트들이 고대를 비판적으로 수용했을 뿐만 아니라 또한 고대적 기준을 넘어서려 한 사실을 인정해야 할 것이다. 브루니는 "나는 베르길리우스의 모든 편지들보다 페트라르카의 웅변 하나를 더 좋아한다"고 말했는가 하면 『피렌체인민사』 서문에서도 자기시대의 피렌체의 성취가 고대의 위대한 행동이나 사건들에 '어떤 부분에서도' 뒤지지 않는다고 주장했다. 구아리니(G. Guarini) 또한 혁신을 외면하는 자들을 비판하면서 "타인의 전례만을 따를 것을 주장하고 자신의 길을 개척하지 않는 사람은 어리석은 자다"고 말했다.

자기 시대 우월관은 휴머니스트들의 모국어에 대한 태도에서도 잘 나타난다. 브루니 · 란디노(C. Landino) · 아콜티(B. Accolti) · 구아리니 · 발라(Lorenzo Valla) 등 대부분의 휴머니스트들은 모국어를 긍정적으로 평가하거나 모국어로 글을 쓰기도 했다. 브루니는 이탈리아어를 '고아함과 과학성을 가지는' 언어로 평가했으며 언어의 상대성에 유의한 발라는 모국어를 매우 적극적으로 평가하고 수용했다.

이에서 볼 때 휴머니스트들을 맹목적 고전주의자로 평가하는 것은 옳지 않다. 그들은 고전을 비판적으로 이용하였으며 나아가 자기시대의 가치를 적극적으로 평가하려 했다. 위대한 부활 가운데 있다고 자부한 휴머니스트들은 고전 의존으로 시종하지 않고 정신과 태도에서 새로운 것을 추구했다. 그들은 고대를 배우면서 그것에 만족하지 않고 새로운 것을 추구했다. 그들은 자신들이 부활 혹은 새로운 빛의 신화를 창조하고 있다고 자부했다. 그러므로 고전 숭모와 자기 시대 자부심의 결합을 르네상스 휴머니즘의 한 특징으로 파악한 바론(Hans Baron)의 관점은 경청할 만한 것이다.[8]

## 이탈리아 르네상스의 역사적 배경

트린카우스(C.Trinkaus)에 의하면 르네상스 휴머니스트들은 〔아테나 여신과 달리〕 완전히 무장한 채 '제우스의 머리로부터 튀어나오지는' 않았다.[9] 부르크하르트는 이탈리아인의 재능과 고전이 결합해 르네상스를 출현시켰다고 논했지만 이탈리아 르네상스의 역사적 배경을 밝히는 것은 사실 쉽지 않은 작업이다.

사계의 학자들도 그것이 주로 이탈리아 자체의 문화적 전통과 자원의 산물인지 아니면 프랑스를 중심으로 한 유럽 대륙의 중세 문화에 영향을 받은 것인지에 대해 견해의 일치에 이르지 못하고 있는 형편이다. 하지만 르네상스가 여러 복합적 요소들에 의해 오랜 시일에 걸쳐 서서히 형성되었다는 것은 분명한 사실이다. 여기서는 일반적으로 운위되는 몇 가지 요소들을 중심으로 14·15세기에 이탈리아에서 르네상스 문화가 개화한 배경을 살펴보고자 한다.

## 상업자본주의적 경제의 성장

재론을 요하지 않지만 문화 창조는 정치적 안정에 앞서 경제적 번영, 그리고 자유분방하고 유동성이 큰 사회를 요구한다. 12·13세기 이래의 이탈리아반도도 정치적 안정은 흔들렸지만 경제적 번영과 사회적 유동성을 자랑한 땅이었다. 13세기 말에 이미 상업이 발흥하기 시작한 이탈리아는 14세기 전후에 고전적 초기 상업자본주의를 경험하게 되었다.

### □ 상업 경제의 발전

지리적 이점을 이용하여 11세기 이래 동지중해 지역과 서유럽 사이에서 중계 무역을 해온 이탈리아반도는 알프스 이북보다 앞서 상업 경제를 발전시켰다. 특히 베네치아와 제노바 등은 '십자군운동' 이래 흑해와 동지중해에서 유리한 지위를 확보하고 해상 교역을 활발히 전개했다.

이탈리아의 도시 코뮌 상인들은 나아가 인도양–페르시아만–홍해를 거쳐 들어오는 동방물산이나 레반트 지역의 면화·사탕·향료 등을 북유럽으로 수출하고 모직물과 같은 유럽의 물산을 동지중해 지역에 중계무역을 했다. 더욱이 13세기 중엽이후 프랑스의 샹빠뉴 정기시(fairs)가 쇠퇴하면서 이탈리아와 서유럽 사이의 해상교역이 크게 증가했다. 잉글랜드의 양모, 플랑드르의 미완성 의류 등이 이탈리아에 직수입되기도 했다.

더불어 섬유 산업을 비롯한 제조업도 현저하게 성장해 14세기에 이르면서 질 좋은 의류를 수출할 수 있게 되었다. 피렌체는 매년 8만 벌 정도의 옷감을 생산했으며, 베네치아·파도바·베로나 등도 모직물 의류를 생산해 수출했다. 상업과 제조업을 비롯한 산업의 발전에 발맞추어 금융업도 발전했다. 이탈리아의 은행들은 브뤼지·파리·런던 등으로 진출했다. 특히 루카·시에나·피렌체의 은행들은 교황은 물론 유럽의 군주들과도 거래했다.

그와 같은 경제적 발전은 1300년 전후에 이르러 기업상

파올로 우첼로의 '산마리노전투'(런국립미술관)

의 기술이나 기업 조직상에 적지 않는 변화를 초래했다. 기업가들은 근대적 회계법(복식부기)을 도입했으며, 신용금융 제도에 의지하기 시작한 그들은 기업의 다양화 내지 다변화를 시도했다. 그들은 신용 대부로 자본금을 늘리고 대리인들을 통해 거래 영역을 넓히는 등 기업의 규모를 확대했다. 상업·제조업·금융업의 발전은 운송과 통신의 발전을 자극했고 운송과 통신의 발전은 다시 새로운 기업 기법의 도입을 가능하게 하였다.

더불어 도시와 농촌 사이의 정치적 분할이 노동의 분할 혹은 경제적 분업으로 바뀌었다. 즉 농촌은 식품과 원료의 제공지가 되고 도시는 상업과 산업의 중심지로 변화하기 시작했다는 것이다. 뿐만 아니라 도시 내에서도 분업이 일어나고 계급의 분화가 일어났다.

한편 거래 규모의 증대와 신용 경제의 확산은 상인이나 기업가들로 하여금 모험적이되 보다 계산적이 되게 했다. 그들은 신용거래나 원거리 교역에서의 예상되는 손실에 대비해야 했다. 그들은 또한 투자의 대상도 다양화하고 다변화하기 시작했다. 그밖에도 위험을 줄이기 위해 기업을 연합하고 자본을 집중화 혹은 대형화하려 했다.

투자의 다변화를 통해 위험을 분산시키기 위해 만든 초기의 기업연합은 대개 일종의 '임시적 제휴(commenda)'였다. 그러나 상업의 위험이 보다 적어지고 상업상의 기구가 발전한 14세기에는 몇 년 동안 협력자나 동업자로 일하게 될 대리인을 지정하여 수출과 수입의 일을 했던 '정기적 제휴(terminal partnership)'가 일반적 기업연합 형태로 되었다.

☞ **경제의 성장〔침체 논쟁〕** 위에서 12~14세기에 이탈리아가 거둔 경제적 성장을 개괄했지만, 모든 경제사가들이 그와 같은 설명에 동의하는 것은 아니다. 일부 학자들은 이탈리아 르네상스를 경제적 융성기로 파악하는 데 반해 다른 학자들은 오히려 경제적 침체기로 규정한다. 여기서는 르네상스를 경제

이탈리아의 은행(중세 말)

적 침체기로 규정하는 이른바 침제주의자들(stagnationists) 중의 한 사람인 로페즈(R. S. Lopez)와 그에 동의하지 않는 치폴라(C.M. Cipolla)의 관점을 간략히 살펴보기로 한다.

로페즈에 따르면 14세기 초(1315~17)부터 대규모의 기근을 경험하기 시작한 유럽은 1381~1384년에 이르기까지 심한 굶주림과 역병에서 벗어나지 못했다. 그는 통계수치에 의거하여 이 시대의 인구감소[예컨대 피렌체시의 인구는 단테시대의 10만으로부터 1348~1360년의 흑사병 이후 약 5만으로 감소되었다], 평균수명의 감소, 생산의 부진 등을 지적한다.

로페즈는 특히 대도시들이 혹심한 퇴보를 경험한 사실을

상기시키면서 “에프러와 플랑드르의 주요 도시들에서의 섬유 생산은 1300년 이래 감소되어 왔다. 50년 전에는 7만 필의 옷감을 생산한 실직 노동자들이 계약자들로 하여금 최소한 2만 5천 필이라도 얻어내게 하려고 노력했으나 실패했을 뿐인 피렌체에서도 사정은 동일했다”고 말한다. 반면 치폴라에 따르면 르네상스는 적어도 침체기는 아니었다. 그는 침체주의자들이 특정 지역의 경제적 현상을 지나치게 일반화하거나 특정 시기의 일부 산업을 중심으로 인식한 것으로 평가한다. 그는 모직물을 생산하는 지역들이 다수 있었지만 생산이 증대되었는지 아니면 감소되거나 정체되었는지를 입증해 주는 어떤 증거도 없고, 단지 어떤 지역에서는 모직물 생산이 증가한 반면 다른 지역에서는 감소했을 뿐이라고 말한다. 그는 나아가 일부 지역에서는 모직물 산업과 실크 산업이 오히려 발전했다는 것, 1인당 생산량과 수입이 증가했다는 것, 그리고 구매력이 증가하고 생활 수준이 향상되었다는 것도 지적한다.10)

### □ 경제적 발전이 사회에 끼친 영향

위에서 경제상황에 대한 논쟁의 일단을 소개했지만, 흑사병이 1348년부터 1384년까지 간헐적으로 내습하기 이전까지 이탈리아에서 상업 내지 화폐 경제가 발흥한 것은 분명한 사실이다. 경제적 발전, 특히 화폐 경제의 발전은 사회의 모든 영역에 큰 영향을 끼쳤다. 교황 피우스 2세(Pius II)의 말대로 "항상 새로운 것에 희열을 느끼는 이탈리아는 모든 안정을 잃어버렸으며… 노예도 쉽게 군주가 될 수가 있게 되었다."[11] 화폐의 중요성이 커지고 세속적 활동과 현실적 성취가 보다 높은 평가를 받았다. 화폐가 모든 부문에서 큰 힘을 발휘하면서 사람들의 관념을 그것의 자계(磁界)로 들어오게 했다.

화폐는, 소수에 집중되고 있어 대중이 아직 그것의 위력을 확실하게 의식하지 못한 상태였음에도 불구하고, 과거에는 상상할 수 없던 현상을 낳았다. 그것은 점차 마법과 같이 예측 불허의 힘을 발휘하게 되었고 그에 따라 하층민들도 그것의 획득을 위해 가능한 모든 노력을 다했다. 화폐를 소유한 사람들은 이상한 힘을 가진 악마적 존재로 비쳐졌는가 하면, 그와는 반대로 종래의 윤리적이거나 종교적인 제약을 도외시하고 모든 수단을 다해 입신한 새로운 유형의 인물들이 등장함에 따라 악마 예찬적 풍조마저 생겨났다. 말하자면 화폐의 힘에 지배되는 초기 상업자본주의적 사회가 형성되어 갔던 것이다.

그리하여 르네상스 전야의 이탈리아인들은, 아직 보편적 현상은 아니었지만, 중세의 그것과는 다른 인간관과 세계관으로 무장하기 시작했다. 자신의 독립성에 대한 자각,

자신의 능력과 가능성을 의식적으로 발전시킴으로써 자신을 표현하려는 의지, 세속적 행복에 대한 기대, 그것들과 결합한 사회적 책임 의식 및 사회에 대한 불만감 등이 점차 르네상스인의 정신과 태도를 지배하기 시작했다.

인간과 인간의 일에 대한 관념의 변화는 당연하지만 사람들로 하여금 전통적 윤리 규범에 도전하게 했다. 그들은 현실적 성취를 인생의 성공과 직접적으로 연결했다. 따라서 그들은 합리적, 계산적으로 되고 타인과의 경쟁에서 이기는 것을 중요하게 여겼다. 그들은 중용이나 사색보다 현실적 능력이나 재능을 더 자랑하였다. 영리 추구가 거리낌없이 행해지고 그것에 의해 얻어진 화폐의 힘이 현실적 일이 되면서 이탈리아 사회는 '자유스러우나 불안정'하고 '불안정하되 역동적인' 사회가 되었다.

예상할 수 있는 일이지만 르네상스 이탈리아는 따라서 현저한 사회적 유동성을 자랑할 수 있었다. 현존하는 피렌체의 국가문서국(*Archivio di Stato*)의 자료들은 신분적 상승이 아주 활발했음을 입증하여 준다. 사실 14세기에 부유한 신시민(*gente nuova* 혹은 *novi cives*)으로 입신한 사람들 중에는 주변 지역 이주자나 그들의 후손이 적지 않았다.

경제적으로나 정치적으로 입신한 무네오(Mugnaio di Recco da

Ghiaceto) · 필리포(Filippo di Spinello da Mosciano) · 니콜로(Niccolo di Ser Bene da Varazzano) 등은 그들의 이름이 말해 주듯 대개 소도시 출신의 이주자들이었다. 당시의 재판문서는 1350년부터 1380년에 칼리말라(*Calimala*) 길드를 대표한 아마도리(Amadori)는 안치사 출신이었으며, 1360년부터 1375년까지 5명이 라나(*Lana*)길드 회원으로 활약한 부시니(Busini)가는 몬테레기 부근의 농촌 출신이었음을 말해 준다.

피렌체의 젠네오(Gennaio)와 그 후손들은 가난하고 비천한 하층민으로부터 신시민으로 상승하여 부와 명성을 함께 누린 자들의 한 전형이었다. 한 봉건귀족의 종속인이었던 젠네오는 제빵업자로 성공했고 그 후손들도 기업가로 성공했다. 특히 그의 손자 베네데토(Benedetto di Guccio di Gennaio)는 라나길드에 들어갔고, 드디어 1332년에는 국가 최고통치위원회인 '정청(*Signoria*)'의 한 사람이 되었다.

### □ 마르틴: 부르주아적 사회

알프레드 폰 마르틴(Alfred von Martin)에 따르면 중세에는 자급자족적이며 개별작업적인 형태로 경제활동이 이루어졌기 때문에 경제도 전통이나 권위에 제약받았지만 르네상스 이탈리아에서는 공장체제를 지향한 자본주의적 기업이 출현하고 시장 생산체제를 지향해 권위나 전통이 더 이상 그 힘을 행사할 수 없게 되었다. 그는 중세 사회의 인력(引力)의 중심은 토지에 있었지만 르네상스와 더불어 경제적 인력은 물론 사회적 인력의 중심은 도시로 옮아갔고 또한 보수적 사람들로부터 '자유로운' 사람들로 옮겨갔다고 논한다.

마르틴은 거기서 그치지 않고 화폐 경제의 발흥과 함께 경제적·정치적·사회적으로 유력한 시민들이 등장하고 小공인들이 大상인으로 변신하면서 전통적 사회 형태는 점진적으로 무너져 갔으며, 그들은 화폐와 지성이란 두 버팀목에 의지하는 자유주의적 부르주아 계층으로 발전해 갔다고 설명한다. 요컨대 그에 의하면 좀바르트(W. Sombart)가 자본주의 정신의 2대 요소로 규정한 기업 정신과 자본가 정신의 전형적 결합이 이미 십자군운동 이전에 해상 교역에 종사한 제노바·베네치아·피사 등의 상인들에 의해 구체화되기 시작했고, 르네상스에 이르러 그런 자본주의 정신이 보편화됨으로써 사람들은 정치·사회·종교·도덕 등 생활 전반에 걸쳐 근대의 부르주아적 정신과 태도를 함양해 갔다는 것이다.[12)]

## 정치적 분열과 근대적 국가의 출현

부르크하르트는 전제정치를 르네상스의 중요한 정치적 원인으로 제시했다. 그는 전제정치가 "독재자나 용병대장 자신의 개성을 고도로 육성시켰을 뿐 아니라 그들이 보호해 주거나 도구로 이용한 사람들 ―서기 · 장관 · 시인 · 동료―의 개성도 발전시켰다"고 말했다. 그밖에도 지배자와 그의 서기나 장관들은 자신들의 내적 자원을 알아야 했으며, 권력이나 영향력을 이용하여 자신들의 행복을 추구했으며, 그들의 신민 또한 행복 추구라는 욕망으로부터 벗어나지 못했다고 말한다.[13]

### □ 정치적 분열 속의 안정

르네상스 전후의 이탈리아반도는 다수의 자치적 코뮌들로 나누어져 있었다. 중세 초기에 이미 뿌리를 내리기 시작한 도시들은 상업이 융성하기 시작한 12·13세기를 거치면서 코뮌으로 발전했다. 특히 봉건 세력을 타도하고 주변 지역으로 세력을 확장해 간 중북부 이탈리아의 자치 도시들은 13세기 후엽에 이르러 보다 큰 도시국가로 발전하여 갔다.

브루넬레스키의 '피렌체성당의 돔'

물론 도시국가들의 정치적 · 경제적 성장은 北이탈리아에 진출한 신성로마제국[독일] 및 중부 이탈리아에서 군림한 교황청과 함께 통일 국가의 등장을 어렵게 했다. 코뮌들이 성장하는 상황에서 13세기 중엽에 독일의 호엔스타우펜(Hohenstaufen)가가 몰락해 이탈리아에 대한 영향력이 감소하자 이탈리아는 극심한 분열상을 노정했다.

소규모 코뮌들이 도시국가로 성장한 13세기 후엽부터 15세기 중엽 사이에 정치제도 또한 현저한 변화를 겪었다. 베네치아 · 피렌체 · 시에나 등을 제외한 대부분의 도시국가들의 공화적 정부는 군주나 독재자들의 손에 장악되었다. 그리고 강력한 국가들이 이웃 소국들을 흡수하거나 정복하는 약육강식이 이루어져 중북부의 소국들 대부분은 베네치아 · 밀라노 · 피렌체 등의 지배하에 들어갔다. 교황청도 주변의 半독립적 국가들을 굴복시켜 강국으로서의 지위를 누릴 수 있게 되었다. 그리하여 르네상스기의 이탈리아반도는 몇 개의 큰 도시국가들이 상호 대립하고 경쟁하면서 반도를 장악하는 형상을 연출했다.

한편 권력 장악에 성공한 각국의 독재자들은 팽창정책을 추구했고, 그것은 당연히 도시국가들 사이의 충돌을 낳았다. 특히 밀라노의 비스콘티(Visconti)가가 롬바르디아에 거

르네상스시기의 이탈리아반도

대한 세력을 형성하면서 도시국가들 사이의 대립은 절정에 이르렀다. 그러나 밀라노의 독재자 지안갈레아쵸 비스콘티(Giangalea- zzo Visconti)의 갑작스런 죽음(1402) 이후 80여 년간 어느 정도의 세력 균형이 이루어졌다.

물론 전쟁이 완전히 사라진 것은 아니었다. 피렌체의 경우만 하더라도 피사와의 전쟁(1414)에 이어 밀라노와 다시 싸워야 했으며(1424~40), 다른 나라들 사이에서도 소규모 전쟁이나 분쟁은 계속되었다.

하지만 이탈리아의 5대국 즉 밀라노・베네치아・피렌체・나폴리・교황청은 1454년에 '로디평화조약(Peace of Lodi)'을 체결하고 다음 해에는 '이탈리아동맹(Italian League)'을 결성하는데 성공했다 —밀라노・피렌체・베네치아 3국이 결성했으나 이어 나폴리왕국과 교황청 및 이들 5국의 주변 국가들도 참여했다. 그로부터 이탈리아는 평화 시대를 맞이했고 새로운 발전의 토대를 마련할 수 있었다.

그 후에도 소규모의 대립은 그치지 않았지만 이탈리아는 로디평화조약 이후 40여 년 동안 세력 균형이 어느 정도 유지되는 가운데 정치적 안정을 누렸던 것이다. 그리하여 재능있는 사람들에게는 거의 무한한 기회가 주어졌고 상류층의 궁정 생활은 즐거움으로 차 있었다. 이제 이탈리아인들은 잠정적이나마 전쟁의 굴레에서 벗어나게 되었다.

### □ 중앙집권적 근대국가

부르크하르트는 '독재자들의 시대'로 불렀지만, 르네상스 전야와 르네상스 시기의 이탈리아의 한 특징은 공화제가 무너져 간 대신 전제 정부가 대두한 것이었다. 공화제

정부의 실패는 대개 경제적·사회적 긴장과 계층적·파당적 대립에 기인했다. 사실 도시국가들에서는 지배층 사이의 대립과 지배층과 시민 사이의 투쟁이 빈번했다. 반면 공화제는 대상인들의 과두정이 정부를 독점할 만큼 충분히 강력했던 베네치아나 피렌체 같은 상업적 국가에서 더 오래 존속했다.

도시국가들의 내적 분열은, 중북부 이탈리아에서 영향력을 강화하려한 신성로마제국 황제와 그것을 견제하려 한 교황 사이에서 교황을 지지한 교황당(Guelfs)과 황제를 지지한 황제당(Ghibellines)의 전통적 대립으로 더욱더 격화되었다. 교황당–황제당의 대립은 시간이 지나면서 원래의 의미를 상실해 버렸지만 각국의 내분과 연계되어 정치적 혼란을 가중시켰다.

특히 피렌체의 경우 교황당과 황제당 사이의 대립은 결국 귀족 세력의 권력 투쟁과 얽혀 피렌체의 내적 분열을 격화시켰다. 피렌체에서는 교황당이 황제당과의 싸움에서 결국 승리했지만 –피렌체는 교황당이었으되 교황과 자주 대립했다– 교황당이 다시 흑당(*Neri*)과 백당(*Bianchi*)으로 분열하는 등 귀족들 사이의 대립은 오히려 격화되었다.

한편 도시국가들 사이의 생존을 건 대립, 지배층 사의

의 각축과 지배층과 피지배층의 대립, 독재자의 출현 등은 부르크하르트가 말했듯이 정치인들의 개성을 고도로 발전시켰을 뿐만 아니라 근대적 정부 체제를 출현시켰다. 이탈리아의 정치적 근대성은 각국이 펼친 외교에서도 입증된다. 메팅리는(G. Mattingly)는 이탈리아가 창안한 상설 공관에 의해 서유럽의 외교 제도는 1400년을 조금 지나 중대한 변화를 겪었다고 평가한다. 이탈리아 각국은 서로 외교 사절을 교환했을 뿐 아니라 유럽 여러 나라의 궁전에도 외교 사절을 상주시키거나 일시적으로 파견했다.

후기 르네상스의 일이었지만 마키아벨리의 경우 시에나·피사·아레죠·이몰라·로마 등 이탈리아 각국은 물론 프랑스와 독일에도 수회에 걸쳐 파견되었다. 상설 공관을 설치하여 외교 사절을 상주시킴으로써 근대적 외교가 시작되었고 또한 새로운 근대적 권력 관계가 등장했다. 그것은 상비군 제도와 함께 중앙집권적 국민국가의 성장에 이바지하였다.[14] 말하자면 중북부 이탈리아의 도시국가들은 불안정한 균형 위에서 경쟁하고 성장하여 가던 중에 새로운 체제, 곧 근대적 국가체제를 경험하기 시작하였던 것이다.

이탈리아의 문화적 전통과 유럽 대륙의 영향

경제적 번영과 정치적 상황만으로 르네상스 같은 문화적 운동이나 혁신을 기대하기는 어려울 것이다. 문화 창조를 위해서는 그런 외적 환경 내지 하드웨어(hardware) 외에도 문화 자체를 구성하는 소프트웨어(software)가 필요하다. 이탈리아 르네상스의 씨앗은 바로 그리스·로마의 고전 문화였다. 르네상스 전야의 이탈리아인들은 그리스·로마의 고전 문화를 자신들의 문화적 전통과 결합할 수 있었던 것이다.

□ 이슬람과 비잔틴 문화의 영향

십자군 전쟁과 비잔틴제국의 멸망도 정도를 불문하고 이탈리아 르네상스에 이바지한 것으로 평가된다. 십자군 운동은 또한 결과적으로 비잔틴제국의 문화만이 아니라 아랍-이슬람 문화를 유럽에 소개시켰다. 이슬람제국은 수학·화학·의학 등 자연과학 분야에서는 물론 문학과 미술 등 예술에서도 높은 수준의 창조력을 과시했다. 십자군운동은 유럽 사람들로 하여금 이슬람 세계의 선진 문화를 배울 수 있게 했으므로 문화적으로도 의미 있는 전쟁이었다. 더욱이 이탈리아의 도시국가들은 십자군 전쟁에 직·간

접적으로 개입했고, 따라서 알프스 이북 국가들에 보다 더 활발하게 비잔틴과 이슬람의 수준 높은 문화에 접했다.

특히 비잔틴은 이탈리아가 르네상스 문화를 창조하는 데 직접적으로 기여했다. 사실 중세의 서유럽은 그리스어를 능숙하게 구사하지 못했고 그리스 고전에 대한 지식도 부족했다. 서유럽의 도서관에는 그리스어 원전이 거의 없었고 대학에서도 그리스어 과정은 개설되지 않았다. 하지만 비잔틴 학자들은 그리스의 고전을 열심히 연구하고 복사했다. 그들은 그리스 고전의 비판적 연구자며 편집자들이었다. 그들은 플라톤과 아리스토텔레스만이 아니라 호메로스・핀다로스・소포클레스 등을 연구하고 주해했다.

그리스-로마 문화의 부활을 지향한 르네상스가 비잔틴의 그리스학에 영향받은 것은 당연한 일이었다. 크리솔로라스가 피렌체에서 그리스어를 교수한 것에서 알 수 있듯이 비잔틴 학자들은 비잔틴제국과 이탈리아에서 이탈리아인들에게 그리스의 학문과 예술을 가르쳐 왔다. 그러나 비잔틴의 그리스 고전과 그리스학 학자들이 이탈리아에 본격적으로 전래되고 왕래한 것은 15세기 중엽의 일이었다.

비잔틴제국이 오스만 투르크족에게 멸망한 1453년 전후에 다수의 비잔틴 학자들이 그리스 고전을 갖고 이탈리아에 망명했고, 그로 인해 비잔틴의 철학·문학·예술은 물론 그리스 고전학이 이탈리아에 본격적으로 소개되었다. 중세의 그리스 고전 연구는 서유럽이 아니라 비잔틴제국에서 거의 전적으로 이루어졌다는 사실을 고려할 경우 비잔틴 학자들의 이탈리아 망명이 갖는 학문적·문화적 의미를 짐작할 수 있게 된다.

### □ 대륙 문화의 영향

이탈리아 르네상스의 기원과 관련해 관심을 끄는 것은 프랑스의 영향이다. 저명한 르네상스학 학자인 크리스텔러(Paul O. Kristeller)는 중세 이탈리아의 수사학과 13세기에 프랑스로부터 유입된 고전학을 이탈리아 휴머니즘의 중요한 두 뿌리로 규정했다.

프랑스는 카롤링왕조 이래 중세의 유럽 문화를 주도했다. 문화적으로 상당히 중요한 역할을 한 잉글랜드, 저지방, 독일 등도 프랑스 문화의 영향 아래 있었다. 사실 중세의 라틴 고전 연구는 이탈리아가 아니라 알프스 이북에서, 그것도 프랑스에서 이루어졌다. 이탈리아에서는 라틴 고전을 비롯한 고전의 연구가 활발하게 이루어지지 않은 반면 프랑스의 경우 라틴어 시나 산문 읽기와 연구가 매우 활발했다. 특히 12세기와 13세기 초에 파리 · 사르뜨르 · 오를레앙 등지에서 라틴 고전 연구가 왕성하게 이루어졌다.

이탈리아가 라틴 고전에 눈을 돌린 것은 13세기 이후의 일이었다. 이탈리아는 13세기에 이르러 건축과 음악, 그리고 라틴어 · 철학 · 신학 · 고전 연구 등의 분야에서 프랑스의 영향을 받기 시작했다. 크리스텔러에 의하면 이탈리아의 초기 휴머니스트들이 고전학을 연구하기 시작한 것은 프랑스에서 유입된 고전학의 영향 때문이었다. 13세기 혹은 14세기 초까지도 고전학에 대한 관심이 별로 크지 않던 이탈리아에서 라틴 고전 연구가 행해지게 한 것은 그처럼 프랑스 고전학의 영향이었다.

프랑스의 고전학에 관심을 갖기 시작한 이탈리아 학자들이 그리스와 로마 고전에 본격적으로 접한 것은 교황청이 있던 아비뇽에 왕래하면서부터였다. 특히 페트라르카는 아비뇽에서 그리스어와 라틴어 고전들을 다수 입수하거나 필사했다. 놀라운 일은 아니지만 그의 고전 발굴 내지 연구 여행은 아비뇽에 한정되지 않았다. 그는 파리를 비롯해 리에지 · 사르뜨르 · 플랑드르 등의 교회와 도서관에서 다수의 고전을 찾아냈다. 물론 그의 귀국 배낭은 아비뇽이나 파리 등지에서 발굴하였거나 필사한 고전들로 가득 채워

조반니 델 볼로냐의 '아폴로'
(베키오궁, 피렌체)

졌다.

프랑스에서 유입된 고전학은 자연스럽게 이탈리아의 전통적 수사학과 결합했다. 말하자면 라틴 문학과 수사학의 결합을 지향한 새로운 경향이 이탈리아에서 등장했던 것이다. 고대의 역사·시·도덕철학을 연구하고 모방하려 했던 수사학 교사들은 키케로와 퀸틸리아누스 등의 수사학적 저작에서 모범을 찾으려 했다. 특히 키케로의 수사학 저작은 휴머니스트 수사학의 이론적 토대가 되었고 그의 철학 저작은 그들의 절충적 사상의 모델이 되었다. 키케로가 시도한 철학과 수사학의 결합은 휴머니스트들에 있어 지향해야 할 이상이 되었다.

□ 이탈리아의 문화적 전통

르네상스 문화의 씨앗으로서의 중세 이탈리아 문화의 역할 또한 외면할 수 없다. 사계의 일부 학자들은 크리스텔러와 달리 이탈리아 고유의 문화적 전통과 이탈리아 르네상스를 직접적으로 연결한다.

예컨대 울만(B.L. Ullman)은 프랑스에서 유입된 고전학과는 무관한 이탈리아 자체의 고전학에 주목하였다. 그는 프랑스의 영향을 받지 않은 단테가 초기 휴머니스트들에게 적지 않은 영감을 준 사실을 지적하였다. 단테 평론가 벤베누토(Benvenuto da Imola)는 단테와 페트라르카의 문학과 국가관을 베르질리우스의 그것에 비교했다.

13·14세기 이탈리아의 예술에 주목하는 홈즈(G. Holmes) 또한 이탈리아 고유의 문화적 전통이 르네상스를 초래하는데 적지 않은 영향을 끼친 것으로 이해한다. 그는 중세 후기에 이탈리아에서 일어난 예술상의 변화의 원인을 도시 사회의 경제적 성장 및 고대 로마 문화의 영향에서 찾았다. 그에 의하면 지오토의 그림과 피사노의 조각은 바로 고대 로마의 그림과 석관 조각에 영감을 받은 것이었다.

이탈리아가 고대 로마의 고토였다는 사실도 염두에 두어야 할 것이다. 나우어트(C. Nauert) 같은 역사가는 '로마의 고토 이탈리아반도'와 이탈리아 르네상스를 직접적으로 연결하는 것에 의문을 표하지만 중세 이탈리아인들도 고대 로마 문화를 자랑하고 본받으려 했던 것이다. 이탈리아인들은 오늘날도 고대 로마를 자랑하고 흠모한다. 부르크하르트에 따르면 프랑스의 영향으로 고전학이 일어나기 전인 12·13세기에도 로마제국의 문화적 전통이 이탈리아에 작용했다. 그는 중부 이탈리아 토스카나의 건축과 조각이 각각 12세기와 13세기에 고대 로마 문화에 영향을 받은 것과 아풀리

엔시스(G. Apuliensis)와 그 후계자들이 베르질리우스·오비디우스·루크레티우스·스타티우스·클라우디아누스 등에 영향받은 것을 지적한다. 그에 따르면 고대 로마 문화의 중심지였던 곳에 살고 있던 이탈리아인들은 고대 로마의 역사를 의식했음은 물론 부활하려 했다.

앞에서 보았듯이 다수의 사계 학자들은 이탈리아 르네상스와 고대 로마 문화 사이에 직접적 관계가 작용했다는 점을 부정하지 않는다. 그 중의 한 사람인 위트(R.G. Witt)는 12·13세기의 이탈리아는 정치적·경제적 질서가 재편되는 과정에 있었기 때문에 고대 로마에 마음을 둘 여유가 없었지만 적어도 문화적으로는 고대 로마에 제일 가까이 있었다고 주장한다. 말하자면 중세 이탈리아인들 역시 고대 로마와 그 문화에 깊은 관심을 가졌다는 것이다.

위트는 또한 알프스 이북과 비교할 때 이탈리아인들이 수사학에서 고대 로마인에 가장 유사했다고 논하면서 키케로적 수사학이 이탈리아인들 사이에 오랫동안 살아 있은 점을 지적한다. 고대 로마 문화가 이탈리아 르네상스에 영향을 끼쳤다는 것은, 로마시를 여행한 페트라르카가 그 유적에 매료된 사실로도 입증된다. 로마시를 둘러본 그는 "로마세계를 예찬하지 않는 역사는 무엇이란 말인가?"고

반문했다.

물론 중세의 이탈리아 전통이 고스란히 르네상스로 계승된 것은 아니었다. 사실 양자 사이에는 불일치를 지나 상반하거나 대립하는 요소나 경향도 없지 않았다. 그런 현상은 이탈리아 르네상스를 중세 이탈리아의 직계 후손으로 규정하는 것을 재고하게 한다. 하지만 프랑스로부터 고전학이 유입되기 전부터 이탈리아에는 라틴 고전의 전통이 존재해 왔고, 그 전통은 적어도 이탈리아에서 르네상스 문화가 발흥하는 데 이바지했던 것이다.

## 흑사병과 이탈리아 르네상스

### 흑사병의 창궐

고도성장을 구가하던 이탈리아의 경제도 흑사병이라는 광풍을 만나 좌절을 맛보아야 했다. 동방으로부터 전래된 것으로 이야기되는 흑사병[페스트]은 보카치오의 『데카메론』이 그 해독을 짐작할 수 있게 해주지만, 14세기 중엽 이후 1348~50, 1360~63, 1371~74, 1381~84년 등 수 회에 걸쳐 창궐하여 수많은 사람들을 희생시키고 경제를 크게 침체시켰다.

확실치는 않으나 중국을 정복한 몽골족이 흑해 연안의 카파를 공격하면서 흑사병으로 죽은 중국인 시체를 성안으로 던져 넣어 유럽에 전파시켰다고 한다. 말하자면 몽골족이 편 세균전이 뜻하지 않게 유럽을 엄청난 재앙에 빠뜨렸다는 것이다. 하지만 다른 기록에 의하면 그것은 인도에서 발생하여 타르시스(Tharsis)와 사라센인 거주지를 거쳐 유럽으로 전파되었다. 여하간에 그 괴질은 카파에서 크림반도의 남부 연안으로, 거기서 다시 흑해-비잔티움-에게해 등을 거쳐 이탈리아반도로 옮겨갔다. 1348년 전후의 일이었다. 물론 상선에 숨어든 쥐가 주로 그 역병을 옮겼지만 상인들의 가래침도 병균을 전파하는 데 한몫을 하였을 것이다.

이탈리아에서 창궐한 페스트는 곧바로 알프스를 넘어 프랑스·독일·스페인·영국 등 유럽을 강타했다. 이탈리아의 연대기 작가 빌라니(M. Villani)에 의하면 페스트로 인해 이탈리아의 인구는 60%정도 감소되었다. 보카치오에 따르면 피렌체에서만 10만 명 이상이 죽었다[그 무렵의 피렌체 인구는 10만 명을 크게 상회하지 않은 것으로 평가되므로 보카치오의 이야기는 과장되었거나 피렌체

질 드 비쉬의 '투르네의 흑사병연대기'(왕립도서관, 브뤼셀)

주변 지역을 포함시킨 것으로 여겨진다). 베네치아의 경우 심할 경우 하루 5·6백 명이 희생되는 등 1년 반 동안 인구의 60%가 죽어 나갔다고 한다.

흑사병은 알프스 이북에서도 엄청난 수의 사람들을 죽음으로 내몰았다. 함부르크의 경우 희생자는 전체 인구의 50~66%, 브레멘의 경우 70%에 달했다. 인구 15만 내지 20만의 파리에서 심한 때는 하루에 800명이 죽었다고 한다. 영국의 브리스톨도 인구의 1/3을 잃었다. 부르고뉴(부르군드)의 한 교구 기록부는 1천 2백 내지 1천 5백 명의 마을 사람들 중

615명이 1348년 8월에서 11월 사이에 흑사병에 희생된 것으로 전한다. 수치는 조금씩 틀리지만 거의 전유럽에 걸쳐 인구의 1/3 내지 1/2이 감소되었다.

동서와 고금을 막론하고 전염병은 곤궁한 하층민들이 사는 무질서하고 불결한 곳을 즐겨 찾아들기 때문에, 하층민의 희생이 보다 컸지만 상류층 인사들도 적지 않게 희생되었다. 예컨대 아라곤의 피터(Peter) 4세의 왕비 엘레노르(Eleanor), 카스티야의 알폰소(Alfonso), 영국의 에드워드 3세의 공주 요안(Joan), 캔터베리 대주교 스트레드포드(John de Straford), 페트라르카의 영원한 연인 라우라(Laura) 등이 그들이었다. 아비뇽 교황청의 고위 성직자들도 4분의 1로 감소되었다.

마르세유 서쪽의 지중해 연안 도시 몽펠리에에 있던 도미니쿠스회 수도원의 경우 140명 수도사 중에서 7명만이 흑사병에서 살아남았다고 한다. 의사들도 흑사병엔 속수무책이어서 몽펠리에 서쪽의 도시 페르피낭에서는 9명의 의사 중에서 단 한 사람만이 흑사병에 희생되지 않았다고 한다.

흑사병은 사회적 · 경제적 구조를 송두리째 파괴했다. 작업장의 대부분이 문을 닫았는가 하면 여기저기에서 논밭이 황무지로 변해 갔다. 촌락들 사이의 관계는 물론 교회와 신자의 관계도 무너져갔다. 죽음과 죽음에 대한 공포는 심지어 가족의 유대 관계도 파괴했다. 형이 동생을, 남편이 아내를 버리는가 하면 부모가 자식을 버리는 경우도 허다했다. 한 생존자는 "사람들은 이제 인간의 죽음에 대해 죽은 염소만큼도 관심을 갖지 않게 되었다"고 개탄했다.

개나 고양이가 흑사병을 퍼뜨리는 것으로 오인해 쥐를 잡는 개와 고양이를 죽여 흑사병이 더 기승을 부렸다고 한다. 누구도 정확한 원인을 알 수 없었기 때문에 페스트에 대한 공포는 더욱 컸다. 상상하기 힘든 일이 아니지만 괴상한 유언비어가 난무했다. 뜬소문은 사람들을 더욱 공포에 떨게 했다. 보카치오의 『데카메론』 제1일 이야기의 한 구절이다. "그것이 천체 운행의 작용에 의한 것인지 아니면 우리의 죄과에 대한 정당한 노여움으로 신께서 인간에게 내리신 것인지…" 의사든 아니든 누구도 그 괴질의 원인을 알지 못했다.

놀라운 일은 아니지만 이상하고 근거 없는 예방법이나 치료술도 다수 등장했다. 악마가 공기를 더럽혔기 때문이란 말이 나돌았으므로 공기를 맑게 하기 위해 약초를 태우거나 향기를 내는 수지(樹脂)를 흡입하는 사람들도 있었다. 페스트 환자가 기거하던 방문을 못질하거나 환자의 물건을

태워 없애기도 했다. 자신의 둘레에 항상 불을 피워두려고 한 사람도 있었다고 한다.

보카치오는 어떤 위생적 예방이나 기도도 소용없다고 전하지만 일부 사람들은 페스트를 신의 징벌로 여겼다. 위에서 소개한 빌라니에 따르면 신은 자비롭지만 일련의 재앙을 통해 인간의 사악한 범죄 행위를 징벌하는데 흑사병도 신의 징벌이었다. 파리대학의 의학부는 토성·목성·화성이 이례적으로 물병자리궁(宮)에 모여 뜨겁고 습한 상황을 만들어 내기 때문에 지구가 독한 유기체를 발산하게 되었다고 설명했다. 혹은 1345년에 혜성이 나타났기 때문이라고 하는 사람이 있는가 하면 심지어 마법사들이 주문 외우기를 게을리했기 때문이라고 말하는 사람도 있었다.

☞ **다시 제물이 된 유대인** 유대인은 이번에도 집단 히스테리의 제물이 되었다. 십자군운동 때 내부의 적으로 지목된 유대인들은 살육과 약탈의 고통을 겪었고 후일 히틀러의 나치스에 의해 '희생양'으로 민족말살적 수난을 당해야 할 유대인은 흑사병이 창궐했을 때도 유럽 각지에서 집단적 수난을 당했다.

페스트가 모종의 독에 기인한 것으로 믿은 유럽인들은 그들이 미워하고 시기해 온 유대인을 의심했다. 유대인들이 고의적으로 샘이나 여타의 수원(水源)에 독약을 풀어 넣어 페스트를 퍼뜨렸다는 것이다.

다음은 그때 유대인이 겪은 수난의 일부이다. 바젤에서는 일단의 유대인이 라인강의 한 섬에서 산채로 화장당했다. 스트라스부르에 거주하던 2천여 명의 유대인은 성발렌타인데이에 화형에 처해졌다. 프랑크푸르트·마인츠·쾰른 등지의 유대인 촌들은 불에 탔다. 브뤼셀·슈트트가르트·프라이부르크·울름·보름스·바덴·에르푸르트 등지에서도 유대인 학살사건이 일어났다. 모두 350회 이상의 유대인 학살사건이 발생했다고 주장하는 사람들도 있다.

교황 클레멘트 6세가 똑같이 페스트의 피해를 당하는 유대인은 아무런 책임이 없다는 포고문을 발표했으나 그에 아랑곳없이 유대인 학살은 그치지 않았다. 체포당해 모진 고문을 받은 일부 유대인들의 허위 자백도 사태를 더욱 악화시켰다. 물론 유대인들의 재화도 그들을 처참한 죽음으로 이끌었다. 기독교도들은 자신들은 할 수 없는 고리대금업에 종사해 상대적으로 부유했던 유대인의 재화를 뺏기 위해 흑사병 유포의 혐의를 씌우기도 했던 것이다. 만약 유대인들이 가난에 시달렸을 경우 그처럼 자주 학살당하거나 화형에 처해지는 일은 없었을 것이다.

유대인을 생매장하거나 불 속에 던져 죽이는 등의 집단광기 외에도 자학 고행이 유행했다. 십자가와 가죽끈을 손에 잡은 전라 혹은 반라의 남녀가 성가를 부르며 이 마을에서 저 마을로, 도시의 거리거리를 돌아다녔다. 중세에는 여성들이 흔히 벌거숭이로 나서는 경향이 있은 듯하지만, 자학적 광기가 사람들의 심리를 지배하는 상황에서 나체가 되는 것은 부끄러워 할 것이 못되었다.

그들은 군데군데 매듭이 있고 못이 박혀 있는 가죽끈으로 자신들의 몸을 줄곧 내려치면서 거리를 돌아다녔다. 피가 흐르다 못해 피부가 찢기고 살이 뜯기는 편타(鞭打)고행이었다. 페스트와 함께 그런 기상천외한 고행이 프랑스·독일·영국·스웨덴 등 유럽 각지에서 유행했다. 페스트를 신의 징벌로 여긴 사람들이 고행을 통해 신의 노여움을 풀고 역병을 제거하려는 했던 것이다.

## 흑사병과 르네상스

경제를 침체시키고 인구를 크게 감소시킨 흑사병은 르네상스에 어떤 영향을 끼쳤을까? 일부 역사가들은 흑사병은 상업과 제조업은 물론 금융업의 침체를 초래했고, 경제적 침체는 문화창조력의 약화로 이어졌다고 논한다. 하지만 다른 학자들은 흑사병 이후에도 이탈리아 르네상스의 문화창조력이 감소하지 않은 것으로 설명한다.

퍼거슨(Ferguson)도 낙관적으로 평가한 역사가 중의 한 사람이다. 그는 14세기와 15세기 초기가 재앙과 위기의 시대였음을 인정하면서도 그 재앙이 중세로부터 근대로의 문화적 변천을 막지는 못했다고 말한다. 그에 따르면 중세 문화를 근대의 그것으로 발전시킨 중요한 요소는 경제·사회·문화의 중심이 농촌에서 도시로 옮아간 것 및 봉건제도의 해체와 중앙집권 정부의 등장이었다. 중앙집권적 정부는 흑사병과 여타의 사건들로 인한 경제적 침체에도 불구하고 개선된 과세제도를 통해 재정 수입을 증대할 수 있었고, 따라서 〔이탈리아의〕 지배자들은 군사적·행정적 권력을 강화하고 나아가 문화 예술을 후원할 수 있었다. 경제적 침체는 오히려 문화적 성장에 의해 보상받았다.[15)]

사실 14세기 중엽 이후의 경제적 침체에도 불구하고 르네상스의 활력은 줄어들지 않았고 경우에 따라서는 오히려 더욱 왕성해졌다. 이탈리아 각국의 지배자와 대상인 귀족들은 다투어 예술가와 문인들을 지원하였다. 로마·피렌체·베네치아·밀라노 등 여러 도시〔국가〕에서 일일이 열거할 수도 없는 학자·문인·예술가들이 학문적·문화적 열정을 불태웠다. 요컨대 이탈리아 사람들은 흑사병과 그로 인한 일시적 침체에 꺾이지 않고 문화 창조력을 발휘했다는 것이다.

# 2

# 백화제방과 백가쟁명의 이탈리아반도

르네상스 문화는 알프스산맥을 경계로 그 성격이 조금 달랐던 것으로 평가된다. 아래에서 보듯이 알프스 이북의 르네상스는 사회비판적이거나 종교지향적인 성격이 강했다. 물론 알프스 이북의 르네상스도 문학은 물론 예술에서도 훌륭한 업적을 남겼지만 말이다. 그에 비하여 이탈리아의 르네상스는 대체로 심미적이고 문예적이었다. 그러므로 조선의 경우 대체로 세종의 치세에 해당하는 15세기 초·중엽에 전성기를 구가한 이탈리아 르네상스는 무엇보다도 문학과 미술에서 가장 빛나는 업적을 남겼다.

# 르네상스의 문학 : 단테에서 보카치오로

## 단테와 『신곡』

이탈리아 르네상스는 문학 부문에서 거장들을 낳았다. 인문주의자는 아니었으되 인문주의의 선구자로 인정받는 단테(Alighieri Dante)는 「지옥편」·「연옥편」·「천당편」으로 구성된 『신곡』을 남겼다. 그는 이탈리아어로 쓴 『신곡』에서 자신이 증오하는 모든 것을 지옥으로 보냈고 또한 선한 일이든 악한 일이든 하는 일없이 허송세월한 사람들을 지옥의 입구에 세워두었다. —북유럽을 대표한 휴머니스트 에라스무스가 『우신예찬』에서 현학자·수도승·성직자의 무지와 탈선, 그리고 교회의 타락을 신랄하게 비난하고 풍자한 것과 비교된다.

단테를 천국으로 안내한 그의 영원한 연인 베아트리체(Beatrice). 그러나 베아트리체는 미천한 집안 출신인 단테로서는 마음으로만 사랑할 뿐 감히 접근할 수 없는 귀족 가

문의 딸이었다. 단테가 초기의 작품 『신생(新生)』에서 그녀에 대한 애틋한 연정을 고백한 후 서양 사람들의 이상적 연인상으로 자리잡은 베아트리체는 한 귀족 청년과 결혼했지만 25세의 나이로 요절했다. 미인박명이라더니! 물론 단테는 매우 애통해하고 상심했다. 그 뒤 단테는 12세에 약혼한 귀족가문의 딸과 결혼해 자녀들을 두었으나 『신곡』에서 다시 그녀와의 이룰 수 없는 사랑을 노래했다. 교황 베네딕투스 15세(Benedictus XV)는 단테 사후 600여 년 만인 1921년에 회칙(回勅)을 통해서 『신곡』을 '사회와 교회를 아울러 부유케' 한 작품으로 규정했다.

최초의 인문주의자로 불리는, 따라서 르네상스를 근대의 시작으로 볼 경우 최초의 근대인이라 할 수 있는 페트라르카는 라틴어로 쓴 대서사시와 여러 편의 이탈리아어 서정시를 남겼다. 계관시인 페트라르카는 문학 작품 이외에도 고전적이며 인문주의적인 사상과 이념을 지향하는 많은 글을 남겼는데 그 중에는 자성록인 『나의 비밀』을 비롯하여 『아프리카누스』·『고독한 생활에 대하여』·『자기자신과 많은 사람들의 무지에 대하여』 등이 있다. 1340년에 아비뇽 교황청과 파리로부터 계관 시인으로 추대하고 싶다는 제의를 받은 그는 1년 후에 아비뇽에서 계관 시인이 되는 영예를 누렸다.

『데카메론』의 작가 보카치오 또한 그로서는 쉽게 접근할 수 없는 한 여인을 짝사랑하였고 그것이 그의 문학에 오랫동안 영향을 끼쳤다. 그는 한때 금융업자 바르디의 대리인으로 나폴리 왕궁에 출입한 적이 있었는데, 그때 한 교회에서 평생 사모하게 될 운명의 여인을 만났다. 어두컴컴한 교회에서 신비한 광채를 발하며 23세의 보카치오 앞에 나타난 마리아.

그러나 나폴리왕 로베르토(Roberto)의 옹주였던 마리아는 이미 결혼하여 다퀴노 백작의 부인이 되어 있었다. 이후 그는 사랑의 시에서 그녀를 '피암메타(*Fiammetta* 조그만 불꽃)'로 표현했다. 단테의 베아트리체와는 달리 그녀는 거리낌 없이 보카치오의 구애에 응했고, 따라서 보카치오는 3년여 동안 그녀와 열렬한 사랑을 나눌 수 있었다. 그녀와의 불같은 사랑 중에 그는 『필로콜로』·『피암메타 비가(悲歌)』 같은 사랑의 시와 비련의 시를 썼다.

그리고 피렌체로 돌아온 보카치오는 드디어 주옥 같은 단편들로 엮어진 『데카메론』을 쓰기 시작했다. 인구의 1/3 내지 1/2을 희생시키는 흑사병을 피해 산타마리아 노벨라 교회에 모여든 선남선녀 10명이 매일 하나의 주제를 선정해 차례로 이야기

한다. 그들은 신성한 교회라는 사실도 잊고 일반인은 물론 성직자들의 간음·폭음·포식·사기·살인·불경(不敬)·독신(瀆神)·탐욕 등에 대한 이야기를 드라마틱하게 늘어놓는다.

르네상스 이탈리아는 그밖에도 『성난 오를란도』를 남긴 아리오스토(Lodovicio Ariosto), 서정시인 폴리지아노(Angelo Poliziano) 등 문명(文名)을 날린 작가들을 다수 배출했다. 『성난 오를란도』의 주인공은 이탈리아의 롤랑—중세 프랑스 기사문학 『롤랑의 노래』의 롤랑—격인 오를란도이다. 중세 기사 문학에서 다양한 일화와 주제들을 빌린 아리오스토는 안젤리카에 대한 오를란도의 열정, 파리 근처에서 일어나는 기독교도와 이교도 사이의 전쟁, 루지에로와 브라다만테의 사랑 이야기 등을 재미있게 묘사한다.

### 여성과 문학활동

르네상스 사회 역시 남성 중심 사회였고 따라서 여성은 문학이나 예술에서 재능을 발휘할 기회가 매우 적었다. 인문주의자들의 교육도 역시 남자아이들을 중심으로 행해졌다. 피렌체의 시민적 휴머니즘을 주도한 휴머니스트였던 L. 브루니는 귀부인 말라테스타(Battista Malatesta)에게 쓴 편지에서 수사학 · 천문학 · 논리학 · 철학 등을 남성의 학문으로 규정하고 여성들은 가벼운 인문학(bonae artes)을 공부하도록 권했다. 물론 일반 여성들에게는 읽고 쓰는 것 외에는 바느질 같은 기능을 가르치면 족한 것으로 여겨졌다.

그러나 엄격한 남성 지배 사회였던 조선에서도 허난설헌 같은 뛰어난 여성 문인이 출현했듯이 르네상스 이탈리아에서도 그림이나 글로서 이름을 날린 여성들이 없지는 않았다. 몇몇 여성 문인들을 중심으로 여성들의 문학 활동을 살펴보기로 한다.

노가롤라 자매(Isotta and Ginevra Nogarola)도 잘 알려진 르네상스기의 여성 휴머니스트였다. 특히 이소타는 철학과 논리학 등을 공부했고 아리스토텔레스의 논리학과 형이상학에 상당한 조예가 있었다. 하지만 그녀는 남성 휴머니스트들로부터 질시와 견제를 적지 않게 받았다. 그녀는 구아리니에게 쓴 편지에서 "도시 전체가 저를 조소하기 때문에 저의 여러 조건들이 저를 조소합니다.… 당나귀들이 그들의 이빨로 저를 물며 황소들이 뿔로 저를 들이받습니다"며 하소연했다.

세레타(Laura Cereta; 1469~99)도 유명한 르네상스 작가였다. 그녀는 한 당나귀의 죽음을 논한 글(Asinarium Funus Oratio)에서 주된 화자(話者)로 나서서 당나귀 살해에 뒤엉킨 미스터리를 풀어나간다. 그밖에도 그녀는 정치적·철학적 주제의 내용이 되 여성의 사회적 지위를 옹호한 편지들을 남겼다. 자연은 모두에게 충분한 은혜를 베풀었으며 모두에게 선택의 문을 열어놓았다고 논설한 그녀는 남성을 향해 "당신네 남성들의 것은 권위이나 우리들의 것은 능력이다"고 일갈했다. 그녀의 페미니스트적 글들은 다음 세대 르네상스 여성들의 여성론의 모델이 되었다.

베네치아 출신 폰테(Moderata Fonte; 1555~92)도 『축복』을 비롯해 『예수 그리스도 대한 열정』·『예수 그리스도의 부활』·『프롤리도로의 13개 편(篇)』을 남겼다. 특히 『축복』에서 에피쿠로스적 유희와 스토아적 유희를 비교했으며 『프롤리도로의 13개 편』에서는 기사도적 로망스를 노래했다.

16세기의 사람이었지만 다로냐(Tullia d'Arogna c. 1510~56) 또한 위트가 넘친 작가였다. 그녀는 음악에서도 재능을 발휘했다. 그녀는 시집 『리메』와 산문집 『사랑의 무한함에 관한 대화』를 남겼는데, 특히 『사랑의 무한함에 관한 대화』에서는 당시에 유행한 기독교적이고 플라토닉한 사랑이 아니라 참다운 인간성에 기초한 사랑, 즉 정신과 감각 모두에 의지하는 사랑을 논했다.

이탈리아 출신 여성은 아니었으나 레오나르도 다 빈치의 열렬한 후원자였던 나바라여왕 마르그레트(Margaret)도 뛰어난 여류 문학자였다. 학자와 문인을 보호한 것으로도 유명한 그녀는 『데카메론』을 본떠 『에프타메롱』이란 작품을 썼다. 그녀는 보카치오와 비슷하게 수도사의 간음, 남편이나 아내의 간통, 정절을 굳게 지킨 처녀, 근친상간 등에 관한 이야기를 아주 재미있게 서술한다. 특히 한 미망인과 그 아들의 근친상간 이야기는 제2의 『오이디푸스 왕 이야기』라고 해도 좋을 것이다.

그 대강의 이야기다. 계집종을 겁탈하려는 아들을 혼내줄 방법을 몰라 고심하던 어머니는 어느 날 밤 그 계집종으로 변장하고 계집종의 침대에 누웠다. 그러나 아들이 나타나자 욕정에 사로잡힌 그녀는 아들에게 몸을 맡겨버렸다. 그 후 딸이 태어나자 그녀는 비밀을 숨기기 위해 딸을 양녀로 만들고 아들을 멀리 유학보낸다. 그런데 수년 후 아들이 유학 중에 얻은 아내를 데리고 돌아왔는데 … 그 여자는 바로 그 양녀였다. 어머니는 딸이자 며느리인 그녀에게 사실을 고백했으나 아들에게는 비밀에 부치지 않을 수 없었다. 그리하여 부녀 관계이기도 한 두 사람은 계속하여 부부로 살았다는 이야기이다.

안드레아 만테냐의 '루드비코 곤자가와 그 가족'(두칼레궁, 만토바)

## 모국어 문학

르네상스는 또한 지방어 혹은 모국어 문학의 시대이기도 했다. 중세 이래 이탈리아어가 민중의 속어(俗語)로 조금씩 사용되어 왔지만 르네상스에 이르러 이탈리아어 문학이 등장하였다. 국어의 발생은 물론 민족주의의 성장과 병행하거나 그것을 조장하였다.

주지하듯이 라틴어는 로마제국이 망한 이후에도 르네상스에 이르기까지 유럽의 공식적·종교적·학문적 언어로 군림해 왔다. 그리고 교사로 활동한 인문주의자들은 학생들에게 완전한 라틴어를 구사할 수 있게 가르치려고 노력했다. 그들 인문주의자들에 있어서 라틴어는 참다운 언어며 진리의 도구였다. 더욱이 그리스와 로마의 고전 문화, 특히 로마 문화를 부활시키려 한 그들 인문주의자들에 있어서 라틴어는 바로 모국어와 다를 바 없는 언어였다. 라틴어는 우리 역사에서의 중국의 한자와 같은 지위를 누려왔던 것이다.

휴머니스트들은 그처럼 라틴어로써 지적이고도 문학적인 활동을 하면서도 아래에서 보듯이 이탈리아어 또한 외면하지 않았다. 그리스와 라틴 고전을 모범으로 삼는 위에 주로 라틴어로 학문과 문학 활동을 하면서 동시에 모국어의 가치를 인정하고 사용한다는 것은 사실 놀라운 일이 아닐 수 없다. [휴머니스트는 아니었지만] 단테는 이탈리아어로 『신곡』을 서술하여 명성을 얻었다. 페트라르카의 경우 자신의 이탈리아어 시가 아니라 라틴어 작품을 이탈리아인들이 기억해 주기를 원했지만 젊은 시절에는 이탈리아어로 서정시를 지었다. 그는 자신의 이탈리아어 시 「승리가」를 『신곡』에 비견하기도 했다.

여타의 휴머니스트들 또한 라틴어를 참다운 언어로 숭앙하면서도 모국어를 배척하지 않았다. 그리하여 이탈리아어는 문학은 물론 학문에서도 점차 사용되었고, 더불어 다듬어지고 순화되어 갔다. 일부 휴머니스트들은 라틴어가 로마를 정복한 게르만족의 언어와 혼합해 이탈리아어가 만들어진 것으로 인식했지만, 불어와 스페인어 등이 이탈리아어와 같은 방식으로 중세 말 근대 초에 라틴어로부터 서서히 발전해 나온 지방어들이다.

### 미술 : 지오토와 마사치오로부터 라파엘로·레오나르도 다 빈치·미켈란젤로에로

미술은 역사적으로 이탈리아 르네상스의 위상을 높이는 데 있어 문학보다도 더 많이 기여했다. 거기다 미술은 문학과 더불어 르네상스 인문주의의 세속주의적 · 자연주의적 경향을 가장 잘 나타낸 분야였다.

중세의 화가나 조각가들은 교회와 같은 종교적 건물을

장식하기 위한 그림이나 조각들에서 대상물을 상징적 · 추상적으로 묘사함으로써 종교적 정서를 불러일으키려 했다. 중세 화가들의 우선적 관심은 신의 낙원을 묘사하고 그로써 창조주를 찬미하는 것에 있었다. 그에 비해 르네상스의 예술가들은 자연과 인간을 보다 사실적 · 심미적으로 묘사하려 했다. 그들은 특히 인간의 육체미를 예찬하는데 주저하지 않았다.

르네상스 화가들도 대개 기독교적 대상을 묘사했지만 중세인들과는 달리 정확하게 묘사하여 자연적이고도 인간적인 미를 나타내려 했다. 그들은 근대적 느낌을 주는 풍부한 색채, 고상함과 장엄함, 쉬운 표현 등을 자랑했다. 르네상스의 이탈리아 예술가들은 또한 그리스의 신 같은 이교적 대상도 배제하지 않았다. 예컨대 보티첼리의 「비너스와 마르스」나 「팔라스와 켄타우로스」, 미켈란제로의 「델포이의 무당」, 지오르지오네의 「잠자는 비너스」, 라파엘로의 「아테네학당」 등이 그것들이다.

### 지오토와 마사치오 등 초기의 예술가들

지오토 · 치마부에 · 기베르티 · 브루넬레스키 · 도나

텔로 · 보티첼리 · 마사치오 등 일일이 거명할 수도 없지만 초·중기 르네상스의 예술가들도 인간의 본성을 숨김없이 묘사하는가 하면 그들이 예찬해마지 않은 인간의 육체를 사실적으로 표현하는 것을 주저하지 않았다. 심지어 성모 마리아 그림에서도 인간의 육체적 미를 있는 그대로 나타내려는 르네상스적 특징은 잘 나타난다. 르네상스의 화가들은 그녀의 인간적 미를 가능한 한 강조하기 위해 가난한 목수의 아내를 부유한 부르주아 귀족부인으로 나타내기도 했다.

마사치오(Masaccio)는 세속적 운치를 풍기는 「성모자」 그림에서 마리아를 약간 피로한 모습의 겸손한 여성으로 나타내되 원근법으로 몸의 볼륨을 명확하게 그려낸다. 옷을 입지 않은 성자(聖子)는 어린 예수보다 오히려 어린 헤라클레스를 더 닮아 보인다. 성자는 보통의 어린애와 같이 손가락을 빨고 있다.

한편 마사치오적 엄격성이 사라진 것으로 평가받는 젠틸레 다 파브리아노(Gentile da Favriano)의 「성모자」에서의 성모는 천국 궁전의 왕좌에 앉아 있는 사랑스럽고 우아한 여왕

미켈란젤로의 '천지창조'(성 시스티나 성당, 바티칸)

의 모습이다. 앞이 조금 열려져 있는 그녀의 망토는 풍부하게 장식된 긴 원피스형의 여자 옷이다. 젠틸레는 그녀의 몸을 입체적으로 표현하지 않는 대신 몸의 여기저기서 미묘하게 파동치는 선의 율동을 나타내려 했다.

널리 읽히는 첼리니(B. Celleni)의 『자서전』은 르네상스 화가들의 화실의 분위기를 잘 전해 준다. 그는 한 여자 모델의 육체미에 홀렸다. 그는 욕망을 부채질하는 그녀의 아름다움에 끌려 "물론 나는 그녀의 육체를 범했다"고 고백한다.

'물론'이란 낱말이 특히 우리들의 마음을 끈다. 그들은 여성의 아름다운 육체를 그대로 표현했을 뿐만 아니라 여성의 나체에서 느낀 성욕은 물론 그 이상의 행위도 숨김없이 고백했다. 수사 출신의 화가 필리포(Fra Filippo)는 성모의 모델로 쓰든 수녀를 사랑해 수사직을 버리고 사랑의 도피 행각을 벌였다고 한다.

☞ **대담했던 지오토 이야기** 오늘날 우리들은 르네상스 시대의 다수의 뛰어난 화가들이 그린 여성의 육체미를 흥미있게 감상한다. 그 시대의 화가나 작가들은 여성의 유방이나 둔부를 특별히 강조하여 묘사하거나 육체적 사랑 이야기를 거리낌없이 기술하는 경우가 잦았다. 휴머니스트였던 사케티(F. Sacchetti)가 남긴 한 꽁트는 지오토(Giotto di Bondone)가 이탈리아에 새로운 화풍을 도입한 것이 우연이 아니었음을 알게 해준다.

예수의 전기를 그린 그의 벽화를 보고 있던 한 사람이 "이봐, 요셉은 왜 이렇게 음울한가?"고 말하자 지오토는 "자기 약혼자가 임신했지만, 아이의 아버지가 누구인지 알 수 없으니 언짢은 표정일 수밖에"라고 답했다고 한다. 지오토는 어릴 때부터 남다른 재능을 보여주었던 것 같다. 양치기 소년 지오토가 햇살에 드리워진 양떼의 그림자를 보고 그 모습을 조약돌로 바위에 그렸다. 마침 지나가다 양치기소년의 훌륭한 그림을 보고 감탄한 한 선생에 의해 그 사실이 널리 알려지면서 15세기의 피렌체에서는 화가가 되려면 어릴 때 양치기를 해야

마사치오의 '성모자상'(런던 국립미술관)

한다는 말까지 생겼다고 한다.

지오토가 나폴리 국왕 로베르토를 위해 궁궐의 벽화를 그리던 때의 한 에피소드도 흥미롭다. 변장하고 나타나서 자신의 왕국을 그려달라는 로베르토의 청에 응한 것까지는 좋았는데 완성된 그림은 왕의 기대를 벗어나다 못해 엉뚱했다. 그는 '등에 안장이 얹혀 있는 나귀 한 마리'와 '그 나귀 발 밑에 있는 다른 안장 하나'로 나폴리 왕국을 묘사했다. 의아해 하는 왕에게 그는 겁도 없이 "나귀는 국민, 안장은 왕인데, 국민은 왕을 바꾸고 싶어 한다"고 설명했다. 이와 같은 정서 혹은 분위기가 르네상스의 새로운 그림을 가능하게 했던 것이다.16)

### 3대 화가 : 라파엘로 · 미켈란젤로 · 레오나르도 다빈치

이탈리아 르네상스의 화가들은 전형적인 르네상스 인문주의자들이었다. 이탈리아 르네상스 인문주의자들은 대개 다재다능한 '만능인'이었지만, 르네상스 이탈리아의 3대 화가로 불리는 라파엘로 · 미켈란젤로 · 다빈치 등을 비롯한 화가들이야말로 바로 다재다능한 만능인이었다.

라파엘로(Sanzio Raffaello: 1483~1520)는 바티칸궁의 벽화와 많은 초상화, 그리고 다수의 우미하고 온화한 성모상을 남겼다. 그 가운데서도 「아테네학당」·「아담과 이브」·「파르나소스」·

라파엘로의 '아테네학당'(바티칸미술관, 로마)

「헬리오도로스의 성전추방」·「갈라테아」·「현성용(顯聖容) 축일」 등이 유명하다.

미켈란젤로 및 레오나르도 다빈치와 함께 전성기 르네상스의 고전적 양식 ―장엄한 규모 · 우아 · 조화 · 명료 · 통일성 등을 특징으로 하는 양식― 을 만들어낸 라파엘로는 선(線)원근법의 거장이었다. 그는 1504의 작품인 「성모의 결혼」에서 정교한 중앙 원근법을 도입했고, 「아테네학당」과 여타의 작품에서는 선원근법을 이용하여 구성의 통일성을 기했다. 만년의 라파엘로는 성 베드로 성당이나 치기 성당(산타 마리아 델 포폴로) · 빌라 마다마 같은 건물을 짓는 데 관여했다. 그는 교황 레오 10세의 의뢰를 받아 시스티나 성당에 「사도행전」을 묘사하는 태피스트리의 밑그림을 그리기도 했다.

미켈란젤로(Buonarroti Michelangelo; 1475~1564)는 천재적인 프레스코화 –벽화를 그리는 화법으로 석회를 바르고 그것이 다 마르기 전에 수채(水彩)로 그리는 화법이다– 화가였을 뿐만 아니라 조각과 설계 등에서도 탁월한 재능을 자랑했다. 벽화 앞에서 동료 화가와 싸우다 코뼈가 부러질 정도로 성격이 격렬했던 그는 웅대한 구도와 강렬한 표현을 자랑했다.

다빈치 보다 24세 연하였던 미켈란젤로는 바티칸 궁전에 있는 교황용 대성당인 시스티나 성당의 천정에 그린 「천지창조」, 역시 시스티나 성당 입구의 벽에 그린 「최후의 심판」 등의 그림과 「성모자」·「다비드」·「모세」 등의 조각 등 다수의 걸작을 남겼다. 「다비드」는 피렌체의 승리를 기념하기 위해 1501년에 조각한 작품인데 현재 피렌체의 시뇨리아 광장에 전시되어 있는 것은 모조품이고 진품은 피렌체의 아카데미아 미술관에 보존되어 있다.

르네상스적 만능인의 챔피언은 아마도 레오나르도 다빈치(Leonardo da Vinci 1452~1519)일 것이다. 그는 거의 모든 분야에 손을 대었으며 많은 부문에서 남다른 재능을 자랑한 거장이었다. 그는 화가·조각가·음악가·물리학자·해부

학자 · 기하학자 · 발명가 · 도시설계자였다.

화가로서의 레오나르도는 「모나리자」·「최후의 만찬」·「암굴의 성모」 등의 명화를 남겼다. 그의 선(線)그림은 그림의 준비작업인 스케치로부터 인간의 태아 · 전쟁용 기계 · 단순한 장남감 등에 관한 아주 사실적인 묘사도 포함한다. 그밖에도 그는 회전식 제분기와 특수 선반(旋盤), 수위 조절 수문, 굴착기, 풍력과 수력 기계의 계기(計器), 시계추 등에 대한 설계나 기록도 남겼다. 그는 자전거도 스케치했는데 페달과 체인 장치까지 갖추는 등 지금의 그것과 크게 다르지 않다 — 지금 형태의 자전거는 스코틀랜드의 한 대장장이가 1839년에 만들었다.

자연을 새롭게 연구한 다빈치는 식물 · 동물 · 화석 등을 고찰했다. 인체 해부에 관한 연구에서 그는 근육의 움직임을 표현하는 규칙과 인체 각 부분의 비율을 설정하는 규칙을 세웠다. 그는 고아나 노인의 시체들을 해부했는데 — 일설에는 묘지에서 시체를 파내 촛불 아래서 해부했다고 한다 — 머리의 공동(空洞)부분과 혈관 해부에 관한 데상은 하도 정확하여 오늘날 X선 사진으로 얻는 것과 큰 차이가 없다고 한다.

☞ 만능인 알베르티 이야기　위에서 지적했듯이 이탈리아의

휴머니스트들은 대개 다방면에서 뛰어난 재능을 발휘했다. 부르크하르트는 개인적 발전에 대한 고도의 충동이 다양하고 강력한 개성과 결합해 이탈리아 특유의 '만능인(l'uomo universale)'이 출현했다[17]고 말했지만 알베르티(L.B. Alberti; 1404~72) 또한 다 빈치 못지않은 만능인이었다.

화가 · 조각가 · 건축가였던 알베르티는 음악에도 뛰어나 목가(牧歌)나 애가(哀歌)를 작곡을 할 정도였고 논설문은 물론 소설을 쓰기도 했으며 관상술에도 조예가 깊었다. 그는 그밖에도 달리기 · 높이뛰기 · 수영 · 말타기 등에도 능했다. 두 다리를 붙인 채 사람을 뛰어넘을 수 있었으며 물건을 높이 던질 수도 있었다고 한다.

알베르티는 특히 건축에 뛰어났는데, 피렌체의 산타 마리아 노벨라(Santa Maria Novella) 성당, 만투아의 거대한 성안드레아(St. Andrea) 성당, 리미니의 우아한 말라테스타(Malatesta) 성당, 루첼라이(Rucellai)궁은 그가 남긴 걸작들이다. 그는 고전적 가치를 갖는 저작으로 평가받는 『회화론(繪畫論)』 외에도 역시 르네상스를 연구하는 역사가들이 자주 인용하는 『가족론』을 남겼는데, 그는 거기서 자녀교육을 비롯하여 가정경제와 가족관계 등에 대해 소상히 이야기했다.

## 르네상스의 건축물

르네상스 이탈리아의 건축을 대표하는 것은 아무래도

성 베드로 성당일 것이다. 건립기금을 모으기 위해 '면죄부'를 판매해 결과적으로 루터(Martin Luther)에게 종교개혁 운동의 한 빌미를 제공한 셈인 성 베드로 성당은 르네상스 예술이 종합적으로 이루어낸 걸작이다.

다수의 르네상스 예술가들이, 1506년 교황 율리우스 2세(Julius II)가 건립하기 시작해 레오 10세(Leo X)를 거처 1615년 바울 5세(Paul V) 때에 완성된 베드로성당의 건립에 참여하였다. 처음 그것을 그리스 십자형 평면으로 설계한 사람은 브라만테(D. Bramante)였다. 그러나 브라만테가 죽은(1514) 후 레오 10세에 의해 그의 후계자로 임명된 라파엘로와 조콘도(Fra G. Giocondo) 등은 기둥으로 구분된 라틴 십자형 평면으로 구조를 조금 바꾸었다. 라파엘로가 죽은 뒤에는 대(大)안토니오 다 상갈로·발다사레 페루치·안드레아 산소비노 등이 맡았다.

1516년에 상갈로(Giuliano da Sangallo)가 죽은 뒤에는 미켈란젤로가 수석 건축가로 공사를 맡았는데, 그가 죽을 무렵(1564)에는 거대한 돔〔원형지붕〕을 받칠 '드럼〔원통형의 구조물〕'이 완성되었다. 그 후에도 여러 건축가가 매달린 끝에 187m에 이르는 주(主)구조물이 완성되었는데, 완성된 성당의 내부는 르네상스와 바로크 미술의 걸작품으로 가득 차 있다. 그

가운데서도 가중 유명한 것은 미켈란젤로의 「피에타」, 베르니니(Gian L. Bernini)가 만든 성 베드로의 무덤 위의 청동 닫집, 교차부 위에 있는 롱기누스(Longinus)의 조상(彫像), 우르비누스 8세(Urbanus VIII)의 묘, 청동제 성 베드로상 등이다.

### 베네치아의 예술가들

위에서 소개한 예술가들은 주로 피렌체에서 활약했지만, 피렌체만 뛰어난 예술가들을 자랑한 것은 물론 아니다. 베네치아·밀라노·로마·나폴리 등 다른 도시국가들도 뛰어난 예술가들을 다수 배출했다. 특히 베네치아는 15세기에 현란한 색채를 특징으로 하는 '베네치아유파'를 출현시켰는데, 지오르지오네·티치아노·틴토레토가 그 유파의 3대 화가였다.

그 중에서도 티치아노(Tiziano Vecellio 티티안 c. 1488~1576)는 「신앙의 승리」·「아브라함의 희생」·「파라오 병사들의 홍해에서의 몰살」, 그리고 「성모 몽소승천(蒙召昇天)」·「비너스와 큐피드」·「다나에」·「전원에서의 콘서트」·「순교자 성 베드로의 순교」 등 다수의 걸작을 남겼다. 특히 「순교자 성 베드로의 순교」는 그로 하여금 당대 최고의 풍경 화가로서의 명성을 얻게 했다.

티치아노는 또한 화려한 금빛 그림을 즐겨 그렸기 때문에 '황금의 티치아노'로 불리기도 했다. 그는 베네치아 예술계뿐만 아니라 16세기 유럽의 화단을 이끌었다. 그는 베네치아 정부의 공식 화가였는가 하면 교황을 비롯해 페라라·만투바·우르비노의 통치자들, 그리고 유럽 각국의 귀족과 성직자의 후원을 받았다. 유화의 기법을 바꾸기도 한 그는 다음 세대의 화가들에게 '그림' 자체를 상징하는 인물이 되었다.

티치아노의 친구였던 지오르지오네(Giorgione da Castelfranco)는 보다 차분한 화풍의 그림에 뛰어났는데, 위에서 소개한 「잠자는 비너스」 외에도 「화살을 가진 소년」·「템페스타」·「전원의 세 철학자」·「십자가를 진 그리스도」 등을 남겼다. 티치아노의 제자였던 틴토레토(J.R. Tintoretto) 또한 다수의 걸작을 남겼다. 격정적 화풍 때문에 '천둥'이란 예명을 얻은 그는 「수사나의 목욕」·「죄인을 구출하는 성 마르코」·「천국」·「인간의 타락」 같은 그림을 남겼다. 특히 「천국」은 25m×10m의 대작으로 700여 명의 인물이 등장한다. 틴토레토는 언변이 유창했지만 함부로 말하다 파문을 받기도 해 '입이 화의 근원이라'는 것을 입증해 주기도 했다.

티티안의 '성모 몽소승천'(산타마리아 데이 프라리교회, 베네치아)

## 메디치가와 피렌체, 그리고 퇴색해 간 윤리관

### 메디치가의 흥기와 대로렌조

흔히 르네상스의 요람지로 불리는 피렌체는 사실 르네상스 이탈리아 사회의 축소판이었다. 앞에서 이탈리아에서 르네상스가 일어난 배경에 대해 이야기했지만, 그 모두가 바로 피렌체 이야기라고 해도 지나치지 않을 것이다. 13세기 말과 14세기 초 이래 상업 경제가 융성하고 더불어 의식에 변화가 일어나면서 피렌체인들은 정치와 경제 등 모든 면에서 적극적이고도 능동적인 시민이 되어갔다. 더불어 학문과 문화 영역에서도 왕성한 창조력이 발휘되기 시작했다.

피렌체가 14세기 말 15세기 초에 이르러 결국 르네상스의 요람으로 성장하는 데 가장 크게 기여한 인물들은 코시모를 비롯한 메디치(Medici)가 사람들이었다.

대상인으로 입신한 코시모 데 메디치(Cosimo de Medici: 1389~

1464)가 피렌체의 지배권을 장악한 1434년 이래 메디치가는 프랑스의 침공으로 한동안(1494~1512) 권좌를 잃기도 했지만 1537년까지 피렌체를 이끌었다. 의류업계의 라나 길드(*Arte della Lana*)와 모직물 업계의 카리말라 길드(*Arte della Calimala*) 같은 대길드들을 중심으로 유럽의 의류 산업을 주도했고 급기야는 금융업의 중심지로 발전한 피렌체는 특히 코시모의 손자 로렌쵸(*Magnifico Lorenzo*) 시대에 비약적으로 발전했다.

大로렌쵸는 모든 면에서 르네상스를 상징한다고 해도 좋을 것이다. 전술했지만 르네상스는 정치적 분열, 사회적 무질서, 음모와 술수를 마다 않은 권력투쟁의 시대였지만, 로렌쵸 또한 정치적 음모 때문에 권력은 물론 생명까지 잃을 뻔한 위기를 여러 차례 겪었다. 그 중에서도 로렌쵸를 가장 심각한 위기에 빠뜨린 것은 1478년 파지(Pazzi)가와의 투쟁 및 그에 따른 일련의 사건일 것이다.

1466년에 로마 교황청에 대사로 파견된 이래 줄곧 국정에 관여해 온 로렌쵸는 1478년에 한 성당에서 예배드리던 중 파지가 측의 습격을 받았다. 그는 혼신의 힘을 다해 스스로 여러 명을 물리치고 탈출했으나, 조언자요 공동 통치자 격이던 동생 줄리아노는 목숨을 잃었다. 줄리아노는 며

베노조 고졸리의 '로렌죠 데 메디치'
('마법사 발타자르의 행진'의 부분 그림)

칠 후 칼에 아홉 군데나 찔려 죽은 시체로 아르노 강에 떠올랐다.

위기에서 벗어난 로렌죠는 모반을 기도한 파지가(家)의 파지(F. Pazzi)를 처형했을 뿐만 아니라 그를 지지한 피사 대주교 프란세스코 살비아티(Francesco Salviati)마저 교수형에 처해 버렸다. 하지만 로렌죠의 곤경은 그것으로 끝나지 않았다. 대주교를 처형한 것에 격분한 교황 식스투스 4세(Sixtus IV)는 피렌체를 파문에 처한 후 파지가와 동맹했던 나폴리 국왕 페르디난드 1세(Ferdinand I)로 하여금 피렌체를 공격하게 했다. 베네치아와 제노바까지 교황 측에 가담하여 로렌조는 문자 그대로 사면초가가 되었다.

그 때 로렌조는 나폴리 왕국과의 화평 관계 구축만이 위기를 해소할 수 있는 유일의 방책이라 판단하고 약간 명의 시종만을 대동하고 나폴리로 달려가 페르디난드 1세를 만나 담판했다. 고려의 성종 12년(993)에 거란족의 내침으로 나라가 위기에 처하자, 단신 적진으로 나아가 적장 소손녕을 만나 고려가 고구려의 후계자임을 지적하면서 침략할 명분이 없다는 것과 강동 6주가 고려 땅이라는 것을 당당하고 논리정연하게 주장하여 적군을 물리친 서희를 연상케 한다.

여하간 대로렌조의 용기에 감탄한 페르디난드는 화평에 동의하고 피렌체에서 군대를 철수시켰다. 로렌조 개인의 위기는 물론 피렌체 전체의 위기도 그것으로 일단 해소되었다.

약방을 경영하다 큰 상인으로 입신한 코시모도 권력을 장악한 다음 학문과 예술을 후원하여 만능의 휴머니스트 알베르티, 유명한 건축가 브루넬레스키 같은 학자와 예술가들을 출현시켰지만, 大로렌죠 또한 학자와 예술가들을 후원해 르네상스 문화를 꽃피웠다. 대로렌죠 자신도 시인이었다. 그는 「축제의 노래(A Carnival Song)」에서

> 청춘은 아름다운 것 고통을 회피하라
> 그러나 시간은 덧없이 흘러간다
> 청춘남녀들이여 오늘을 즐겨라,
> 내일은 알 수 없는 것이니.……18)

라고 노래했다. 그는 당대 일류의 휴머니스트 문학자·예술가·사상가·과학자들과 친밀히 교제했고 그들의 예술과 학문을 후원했다.

### 번영하는 도시 사회와 윤리적 타락

르네상스 이탈리아가 자랑한 새로운 가치관과 생활 태도는 무엇보다도 중세 말부터 현저해진 상업의 발흥이 초래한 것이었다. 르네상스의 도시 사회는 피우스 2세가 말했듯이 안정을 잃어버렸으되 새로운 것에 희열을 느끼는 사회, 의지와 노력 여하에 따라서는 누구도 입신양명할 수 있는 사회였다. 우리는 앞에서 농촌 출신의 청소년들이 도

시로 이주해 거부가 되고 도시국가의 통치자로 입신양명하는 사례를 보았다.

르네상스 사회는 또한 중세 1천여 년 동안 사람들의 생활을 지배해 온 낡은 질서와 가치관이 무너지고 새로운 질서와 가치관이 자리잡아 가던 변천과 재구성의 시대이다. 변천과 재구성은 흔히 혼돈과 무질서를 낳지만 르네상스 또한 사회적 무질서와 윤리적 타락을 동반한 시대였다. 사람들은 더 이상 청빈을 칭송하고 재물의 소유를 죄악시하지 않으려 했다. 음모와 술수가 거리낌없이 자행되었다. 페트라르카도 도시 사회의 외적 추악함과 사람들의 도덕적·윤리적 타락을 개탄했지만, 이곳저곳에서 사악한 범죄가 횡행했다.

B. 첼리니는 위에서 언급한 『자서전』에서 르네상스 사회를 살인·폭행·간통이 조석으로 일어나는 사회로 묘사한다. 부모나 형제의 원수를 갚기 위해 몇 날 몇 달을 찾아 헤매다 기어이 원수의 뒷덜미를 칼로 찌르고 달아나는 무서운 끈기, 무법자나 무뢰한의 만행, 폭행과 강간. 그의 눈에 비친 르네상스 사회상이다.

독약의 희생물이 되는 경우가 허다했으므로 추기경이 주최한 연회에 참석할 때에도 자신이 마실 포도주와 잔을 준비해 가야 할 정도였다고 한다. 추기경들이 어떤 사람들인가? 마키아벨리는 군주들에게 사자도 되고 여우도 되라고 가르쳤지만 -오늘날 다수의 학자들은 아래에서 보듯이 그를 공화주의자로 평가한다- 많은 사람들이 권모술수를 마다하지 않았다.

□ 카테리나 스포르자

이몰라와 포를리의 영주였던 리아리오(G. Riario)도 잔학한 행위로 악명을 떨친 인물이었다. 하찮은 죄인도 사형에 처하고 걸핏하면 사람들을 독약으로 죽인 그도 결국은 암살당했다. 그런데 총명하고 미모가 빼어났던 그의 아내 카테리나(Caterina Sforza)는 잔학성에서 오히려 그를 능가했다.

밀라노 공작 갈레아죠 스포르자와 루크레지아 란드리아노의 부정한 관계에서 태어난 카테리나는 운 좋게도 교황 식스투스 4세의 조카인 리아리오와 결혼했다. 남편이 암살당한 후 복수의 칼을 갈던 그녀는 남편 암살자들의 신원이 밝혀지기가 무섭게 임신 중인 몸으로 말을 타고 달려가 그들을 모두 체포하여 교수형에 처했다. 그녀의 나이 20세 때의 일이었다. 그 후로 그녀는 자신의 어머니 란드리아노에 못지않게 여러 남자들과 깊게 사귀었고, 세

남자와는 정식으로 결혼했다.

하지만 카테리나는 다시 새 남편이 길에서 괴한에게 살해당하는 불운을 겪었다. 그녀는 남편의 시체를 끌어안고 울면서 자기 손으로 복수할 것을 맹세했다. 그녀 자신이 사람을 사서 남편을 청부 살해했다는 소문이 나도는 중에 범인이 잡히자 그녀는 범인은 물론 범인의 부모·처·자식 등 모두 20명을 사형에 처해 버렸다.

물론 리아리오나 카테리나는 당시로서는 예외적이거나 돌출적인 인물은 아니었다. 그들은 뒤에서 이야기할 체자레 보르지아나 그의 동생 루크레지아와 마찬가지로 음모와 권모술수가 난무한 르네상스사회에서 어렵지 않게 볼 수 있는 인물들일 뿐이었다.

☞ **외설스런 르네상스** 르네상스 시기의 한 이탈리아인 작가가 쓴 다음의 이야기는 현대의 어떤 소설과 비교해도 뒤지지 않을 정도로 에로틱한 분위기를 연출한다. 주지하듯이 아날(Annales) 학파 역사가들이 문학 작품을 중요한 사료로 수용한 이후 소설도 사료로서의 자격을 얻었지만 사실 어떤 시대 사람들의 생활상이나 정서를 소설만큼 잘 전해 주는 사료도 흔치 않을 것이다.

다음은 피오렌티노(Ser G. Fiorentino)가 쓴 『라 니콜로자』의 한

부분이다. "등불을 갖고 부온델몬티와 남편이 침실로 들어갔을 때, 그 아내는 부끄럼도 없이 침대에서 깊이 잠이 들어 있었다. 부온델몬티가 급히 이불자락을 집어 여자의 얼굴을 덮어놓고, 침대발치에 서서 아래로부터 큰 대자의 넓적다리 쪽으로 이불을 걷어올리기 시작했다.… 두 사람은 점차 유방 근처까지 알몸으로 만들었다. 거기에는 두 개의 자그마한 사랑스런 젖꼭지가 있었다."

위에서 소개한 아리오스토의 『성난 오를란도』의 한 구절이다. "목덜미는 눈과 같이, 목은 우유같이, 아름다운 목은 둥글고 유방은 봉긋이 솟아오르고, 부드러운 산들바람이 파도의 장난을 되풀이 할 때 해원(海原)이 높고 낮게 되는 것처럼 좌우의 사과가 물결쳐 두꺼운 옷 속에서, 아직 숨겨져 있는 그것에까지 전해지고 있다."19)

### □ 성직자들의 성적 타락

하지만 그런 외설은 속인세계만의 이야기가 아니었다. 교황 그레고리우스 7세(Gregorius VII)가 이미 4백여 년 전에 성직자 독신주의를 선언하여 사제들의 대처(帶妻)를 금지시켰고, 이후 사제들은 육체적 순결을 자랑해 왔다. 하지만 르네상스의 성직자들 중에는 이성과 사랑놀음을 벌린 자들이 적지 않았다.

르네상스 시대의 문서나 기록들은 성직자들이 도박이나

세속적 유희 같은 것에 몰두하는 사례는 물론 심지어 간통 현장에서 붙잡혀 매를 맞거나 투옥되는 사례도 적지 않게 전해 준다. 심지어 12·13세기에도 조소거리가 되거나 퇴폐적 일을 자행하는 사제들이 없지 않았다. 무식한 것은 논외로 하더라도 —영주가 임명한 사제들 중에는 무식한 사람들이 적지 않았다— 그들은 관할지를 이탈하거나 세속인과 다름없는 복장으로 의사·변호사·서기의 일을 하고, 심지어 장사나 대금업을 하기도 했다.

르네상스의 일부 성직자들은 그밖에도 신도들의 부정한 내연 관계를 묵인해 주고 돈을 받아 챙기는가 하면 죽어가는 사람을 위해 기도하러 가서 수수료를 먼저 받고 매장이 끝나면 고인의 명복을 빌어준다는 명목으로 다시 돈을 뜯어내었다. 성직자들이 술집에 드나들거나 여타의 비행에 빠져드는 일이 흔했고, 계율을 아랑곳하지 않고 대처(帶妻)하는 일이 사라지지 않았다. 수도사들 중에는 여러 명의 처첩을 거느리고 버젓이 가정을 꾸미는 수도사들도 있었다.[20]

물론 르네상스 이전의 중세 사회에서도 그런 외설스런 이야기나 육체적 사랑에 대한 묘사가 없었던 것은 아니다.

그림을 보고 창녀를 고르는 손님(동판화)
교황 알렉산더 6세나 그의 딸 루크레지아에서 볼 수 있듯이 르네상스시대는 윤리적으로 볼 경우 그렇게 견실한 시대는 아니었다.

반론도 만만치 않지만 중세 초부터 근대 초에 이르는 시기에는 여자들이 나체로 남편 아닌 남자와 어울리는 일이 드물지 않은 것 같다. 그 시기의 한 그림은 창문을 통해 보이는 목욕탕 안을 묘사하고 있다. 두 명의 청년과 한 소녀가 알몸으로 탕 속에 나란히 앉아 이야기를 나눈다. 다른 소녀도 옷을 벗고 탕 안으로 들어가려고 문을 열고 있다. 비슷한 시기의 다른 한 그림 역시 타원형의 욕탕에 알몸으로 앉아 있던 젊은 남자가 막 욕탕 안으로 들어오는 알몸의 여자를 탐욕스럽게 붙잡고 있고 다른 한 청년은 시중드는 하녀를 겁탈하려 하고 있다.

### 교황 알렉산더 6세와 루크레지아

오늘날의 기준으로 보아도 도를 넘는 남녀의 육체적 사랑이야기가 많이 등장하는 보카치오의 『데카메론』은 성적으로도 문란했던 그 시대의 풍조를 비교적 상세히 묘사하고 있다.

후일 교황 알렉산더 6세로 군림하게 될 스페인 출신 추기경 로드리고 보르지아의 사생아로 태어나 교황이 된 아버지의 후광을 업고 권모술수적 방책을 펴서 한때 중부 이탈리아에 강력한 세력을 구축한 체자레 보르지아의 누이 루크레지아 보르지아 또한 악명을 날린 그 시대의 여걸이었다.

□ 알렉산더 6세

다양한 개성을 과시한 알렉산더 6세(Alexander VI: 1492~1503)는 자유분방하되 퇴폐적이기도 한 르네상스 사회가 낳은 교황이라고 말해도 좋을 것이다.

예술과 학문을 애호하고 후원한 교황으로도 알려진 알렉산더 6세. 칼과 같은 무기는 물론 서서히 침투하는 독약에 의한 정적 살해, 교황의 칙서를 통해 친자임을 자인한 자식들에 대한 과도한 사랑, 일찍이 보지 못한 사치한 생활 등으로 부패하고 타락한 교황을 상징하는 알렉산더 6세.

알렉산더 6세는 당시 로마 최고의 미녀로 소문난 줄리아 파르네세를 비롯하여 –알렉산더는 추기경 시절 파르네세와 로마 귀족 올시니의 결혼 서약의 증인이었다– 세 명의 여자로부터 모두 10명의 자녀를 두었다. 그 가운데는 그가 교황에 즉위한 직후에 파르네세가 낳은 딸 라우라도 있다. 체자레 보르지아(Cesare Borgia)와 루크레지아(Lucrezia Borgia)는 모두 5명을 낳은 바노자 카타네이로부터 태어났다. 알렉산더 6세는 추기경 시절 때인 1480년에 얻은 딸 루크레지아를 아래에서 이야기하듯이 아들 체자레와 함께 정략적 결혼의 제물로 삼았다.

□ 루크레지아 보르지아

알렉산더는 추기경 시절부터 자신과 아들 체자레의 정치적 목적 달성을 위해 딸 루크레지아의 빼어난 미모를 이용했지만, 교황이 된 후에는 본격적으로 그녀를 희생의 제물로 삼았다.

교황은 밀라노의 스포르자 가문과의 관계를 강화하기 위해 루크레지아의 두 번째 남편인 스페인 출신의 나폴리 귀족과의 결혼(1491)을 무효화시키고 -그녀의 첫 번째 결혼 생활도 2개월 만에 끝났다- 2년 후에 그녀를 페사로의 영주 지오반니 스포르자에게 주었다. 이 때 루크레지아의 나이는 13세였고 지오반니는 27세였다. 그러나 얼마 뒤에 프랑스-밀라노동맹에 대항하여 나폴리 왕국과 손잡은 교황은 자신의 딸이 여전히 처녀라는 구실을 내세워 지오반니와의 혼인을 무효화시켰다. 루크레지아는 얼마 지나지지 않아 지오반니의 아이가 아닌 것으로 여겨지는 아이를 낳았다.

루크레지아는 출산 후 3개월 만에 나폴리 왕 알폰소 2세의 서자이며 비스케글리의 공작이던 아라곤의 알폰소와 결혼했다(1498). 이제 사랑을 알 나이가 된 그녀는 17세인 남편을 사랑했지만 그들의 사랑은 다시 정치적 책략의 희생물이 되어야 했다. 나폴리왕국-교황청의 동맹이 무너진 후 그들은 위험을 피해 로마를 탈출했다(1499).

알폰소와 루크레지아는 1500년에 로마로 돌아왔으나 알폰소는 자객의 습격을 받아 심한 상처를 입었다. 그는 자신의 집에서 상처를 치유하던 중에 결국 암살당했다. 그녀의 오빠 체자레가 그 암살사건의 배후에 있었다. 루크레지아는 아버지의 뜻을 좇아 1501년에 장차 페라라 공작이 될 또 다른 알폰소와 다시 결혼했다.

장래의 페라라 공작 알폰소는 그때 자신과 결혼식을 치르기 위해 로마에서 페라라로 오고 있던 그녀를 몰래 마중 나가 훔쳐보았다. 그녀의 빼어난 미모에 매우 흡족했던 알폰소는 먼저 시내로 들어와 성대한 결혼식을 준비시켰다. 붉은 벨벳 옷을 입은 알폰소는 황금과 보석으로 치장한 말 위에 앉아 있었고, 루크레지아는 비단으로 짠 황금 망토를 곁들인 검은 벨벳을 입었다. 금발의 머리는 황금과 다이아몬드가 번쩍이는 헤어네트로 치장했으며 루비와 진주가 그녀의 목에서 영롱함을 자랑했다고 한다.

알렉산더 6세는 1503년에 타계했고 그 2년 후인 1505년에 알폰소는 자신의 아버지를 이어 페라라 공작이 되었다. 당시 알폰소의 궁전에는 아리오스토·벰보(Pietro Bembo)·티치아노(티티안) 등 다수의 시인·화가·휴머니스트들이 모여들었는데, 그들 가운데 한 사람인 스트로치(Ercole Strozzi)는 그녀의 눈에 들었으나 불행하게도 알폰소의 질투 때문에 목숨을 잃어야 했다.

이후 루크레지아는 자녀들의 교육에 정성을 쏟는 등

비교적 조용히 살았다. 그녀는 비스케글리의 알폰소와의 사이에 한 아들을, 페라라의 알폰소와의 사이에 일곱 아들을 두었다. 그녀는 벰보나 아리오스토 같은 휴머니스트들에 의해 쾌활하고 우아한 여성으로 칭송받기도 했으나 나폴리의 폰타노나 피렌체의 마키아벨리 같은 사람들로부터는 가장 사악한 여성으로 비난받았다. 그것은 여하간에 아버지와 오빠의 정치적 음모와 술책의 도구로 이용된 그녀의 이름이 연상시키는 사악성은 대부분 그들의 잔인함과 냉혹함, 그리고 정치적 목표 달성을 위해서라면 어떤 음모와 술책도 마다하지 않은 권모술수가 낳은 것이었다.

☞ **마키아벨리와 근대적 정치학** 피렌체의 휴머니스트 사가이며 정치사상가였던 N. 마키아벨리는 1494년에 메디치정권이 무너진 후 등장한 P. 소데리니의 온건한 개혁주의 정부에서 제2 서기국의 서기로 일했다. 그는 피사 재정복전쟁을 관장하고 시민군 창설을 기도하는 등 정열적으로 일했을 뿐만 아니라 이탈리아 각국과 유럽 여러 나라에 외교사절로 파견되는 등 외교와 관련해서도 중요한 역할을 수행했다. 하지만 그는 1512년에 메디치가(家)가 권좌에 복귀하면서 해임되었고, 다시는 정치적 영향력을 발휘할 수 있는 자리에 오르지 못했다. 그것은 그에게 당장에는 불행이었지만 『군주론』과 『논고(論考)』 같은 유명한 저작들을 기술할 수 있는 기회를 주었다.

오늘날 공화주의자로 평가받기도 하는 마키아벨리는 『군주론』에서 정치적 비도덕성 내지 부도덕성을 승인하지만 다른 한편 지배자 개인의 사리나 쾌락을 위한 행위는 어떤 이름으로 행해지는 것이든 배격한다. 더욱이 『군주론』과 달리 공화주의적 이상이 명백히 드러나는 『논고』 ―정식 명칭은 『티투스 리비우스의 첫 10권에 관한 논문』이다― 에서는 공화제적 제도, 폭넓은 참정, 시민적 덕(virtu) 등의 우월성을 논한다.

그밖에도 피렌체의 공화주의적 전통을 자랑한 『피렌체사』, 정치와 군사의 결합을 강조한 『전술론』, 르네상스 연극사의 한 페이지를 장식하는 『만드라골라』와 『클리지아』 등을 남긴 마키아벨리는 전통적 가치관과의 조화나 충돌을 고려하지 않고 국가가 존재하는 목적을 확실히 실현할 수 있는 방책을 가감 없이 제시하려 했다. 그러므로 그는 정치와 도덕, 정치와 종교, 사회적 질서와 공익, 덕(virtu)과 운명, 공적 생활과 사적 생활 등의 관계를 현실적 시각에서 숙고했고 또 적나라하게 표현했다. 그로 인해 그는 '악마의 교사'란 비난을 받았지만 다른 한편 '정치이론에서의 갈릴레이'란 평가를 받기도 한다.

## 알프스 이북의 르네상스 문화

지금까지 이탈리아의 르네상스 문화를 살펴보았지만,

알프스 이북의 프랑스·독일·영국·네덜란드 등도 이탈리아반도에 이어 훌륭한 르네상스 문화를 꽃을 피웠다. 본서에서는 이탈리아를 중심으로 르네상스 문화를 살펴보려하지만 르네상스 문화는 물론 서양사에 대한 이해의 폭을 넓히기 위하여 알프스 이북의 르네상스 문화도 간략히 살펴보기로 한다.

## 두 지역 르네상스 문화의 상호 관계와 이질성

알프스 이북의 르네상스 문화를 이야기할 경우 우리는 먼저 이탈리아 르네상스와 알프스 이북 르네상스의 상호관계에 대해 관심을 갖지 않을 수 없다. 양 지역의 르네상스 문화는 시간상의 선후 외에 어떤 관계가 있었을까?

영국·프랑스·독일 등의 민족주의 역사가들 중에는 이탈리아 르네상스와는 무관하게, 즉 이탈리아 르네상스의 영향을 받지 않고 영국·프랑스·독일 스스로 르네상스 문화를 발전시킨 것으로 이해하는 사람들도 없지 않다. 그러나 르네상스사 역사가들의 대부분은 이탈리아에서 르네상스 문화가 한창 융성할 때인 14세기 말 15세기 초에 다수의 유럽인들이 알프스를 넘어 이탈리아에 왔으며 그들은 유럽 각지를 여행한 이탈리아인들과 함께 르네상스 휴머니즘과 문화를 전파했고, 그로부터 유럽 각국이 르네상스 문화를 발전시킨 것으로 이해한다.

또한 흔히 이탈리아가 문학과 미술에서 뛰어난 재능을 발휘한데 반해 프랑스의 인문주의자들은 합리주의적 사상을 발전시키고, 독일의 인문주의자들은 신학 내지 종교적 주제에 더 큰 관심을 가진 것으로 설명한다. 그러나 이탈리아 르네상스가 문학과 예술만이 아니라 인문주의[휴머니즘]를 자랑했듯이, 프랑스·영국·독일 등에서도 문학·예술·학문이 크게 융성했다. 물론 프랑스의 경우 몽테뉴나 라블레 등의 지성주의 내지 합리주의가 빛을 발했으며 독일의 경우 신학적 주제에 대한 연구가 활발했고 그것은 결국 루터의 '종교개혁'에 영향을 끼쳤지만 말이다.

### 에라스무스·라블레·몽테뉴·셰익스피어

전술했듯이 알프스 이북에서도 다수의 르네상스 휴머니스트들이 학문은 물론 문학과 예술 등에서 뛰어난 재능을 발휘하여 훌륭한 업적을 남겼다. 뒤러·홀바인·크라하나·얀 반 아이크 형제와 같은 화가, 세르반테스·토머스 모어·셰익스피어 같은 문학자, 에라스무스·몽테뉴·라블레·로이힐린·르페부르·멜란히톤 같은 학자나 사상가 등등 이루 헤아릴 수 없을 만큼 많은 인문주의자들이 알프스 이북에 등장하여 유럽의 문화를 풍부하게 했다.

### □ 에라스무스와 기독교 휴머니즘

북구의 르네상스를 말할 때 르네상스 최대의 휴머니스트로 평가받아 온 네덜란드 출신의 에라스무스(Desiderius Erasmus c.1466~1536)를 빼어놓을 수 없다. 로테르담에서 성직자 아버지와 의사의 딸이었던 어머니의 둘째 아들로 태어난 그는 자신의 출생 문제에 항상 민감하였다고 한다. 주로 수도원에서 공부한 에라스무스는 캄브라이의 주교 베르겐(Hendrik von Vergen)의 도움으로 수도원 서원(誓願)에서 풀려나 비교적 자유롭게 연구하고 살아갈 수 있었다.

에라스무스는 1499년에 영국에 건너가 『유토피아』로 유명한 토머스 모어 등과 교제하였으며 네덜란드에 귀국한 이후에도 이탈리아 등 유럽 각지를 여행하는가 하면 다수의 뛰어난 작품들을 남겼다. 그 중에도 1500년에 8백여 개의 격언과 속담을 모아 엮은 『격언집』, 1501년에 쓴 『한 기독교 기사의 편람서』(흔히 『편람서』로 불린다), 1511년에 서술

소홀바인의
'에라스무스의 초상'
(루브르박물관, 파리)

한 『우신예찬』, 1518년의 『대화집』 등은 그의 대표적 저작이다. 그 중에서도 사회적·종교적·정치적 풍자서인 『우신예찬』은 특히 널리 알려져 있다.

역사가들은 에라스무스의 휴머니즘을 흔히 '기독교 휴머니즘(Christian humanism)'으로 평가한다. 그는 당시의 기독교 세계의 과도한 세속성과 오류를 비판했다. 그리하여 그의 저작들은 모두 '금서 목록'에 들어갔지만 그는 루터의 주장에는 결코 동의하지 않았다. 그는 교회의 개혁을 지지했지만 어디까지나 온건하고 합리적인 태도를 견지했다. 그는 루터의 극단적 주장과 오만을 개탄했으되 그를 교황청에 넘겨주는 것은 반대했다.

에라스무스는 종교의 개혁 및 훌륭한 학문의 확산을 위해 노력했지만 루터의 '종교개혁' 운동을 막지는 못했다. 하지만 그는 신의 은총, 자유의지, 예정설 등과 같은 문제에서 루터를 공격했다. 루터에 의하면 인간의 자유의지는 없고 모든 것은 신의 예정대로 이루어질 뿐이었다. 그러나 인간의 이성을 신

뢰한 에라무스는 인간의 자유 의지에 대한 증거를 성서에서 찾아 제시했다. 그가 1524년에 발표한 〈의지자유론〉은 교황청의 호평을 받았지만, 그에 대한 가톨릭 교회의 공격은 점점 더 강해졌고 온건한 가톨릭교 측 개혁자들도 결국 그를 외면했다.

□ 라블레와 몽테뉴

이탈리아의 휴머니스트들처럼 알프스 이북의 휴머니스트들도 만능인이었다. 예컨대 사제로 출발한 프랑스의 라블레(François Rabelais)는 『가르강튀아와 팡타그뤼엘』을 쓴 유명한 소설가였는가 하면 고전 학자・의사・해부 학자로도 이름을 날렸다. 대중적 문학과 결합한 라블레의 휴머니즘은 결국 대중 문화의 한 형태를 형성했다. 비천하고 거친 해학을 통해 휴머니즘의 이상을 선전한 그의 작품들은 지속적 인기를 누렸다.

20여 년간 방랑하면서 쓴 『가르강튀아와 팡타그뤼엘』은 중세 프랑스의 음란한 전통을 계승했지만 참신한 문체, 숭고한 인류애, 정의와 진리에 대한 열정 등으로 인해 프랑스 문학의 걸작으로 꼽힌다. 그것은 거인 가르강튀아의 상상적 모험과 편력의 이야기이지만 그가 의도한 것은 기독교 윤리나 사회적 전통의 속박에서 인간을 해방하는 것이었다. 그의 작품들은 불경스런 요소 때문에 비난받기도 했지만 지적 엘리트와 일반 독자들 모두로부터 사랑받았다.

그리고 『수상록』으로 유명한 몽테뉴(Michel de Montaigne)도 있다. 그가 스스로 터득한 교훈은, 모든 있음직한 문제에 대한 사람들의 견해는 서로 다르며 확실한 것은 아무것도 없다는 사실이었다. 따라서 고대 문학에 관한 그의 토론에는 과격한 문화적 상대주의가 작용했다.

몽테뉴는 매사를 일단 비판한 다음 음미한다는 회의주의적 작업이 낳은 『수상록』에서 자기성찰을 지향한다. "세상 사람들은 언제나 앞을 보지만 나는 눈을 내부로 돌린다. 나는 나 자신만을 상대한다. 나는 끊임없이 나를 관찰하고 검사하고 음미한다." 인간도 동물일 뿐이며 여러 면에서 다른 동물보다 열등하다고 생각한 몽테뉴는 야만인의 단순한 생활이 더 순수하고 고상하다고 주장하였고 —바로 '고상한 야만(noble savage)' 관념이다— 아메리카 인디언들의 삶을 예로 들어 그것을 입증하려 했다.

☐ 셰익스피어

영국인들이 그들의 보물창고 같은 식민지 인도와도 바

꿀 수 없다고 자랑한 셰익스피어(William Shakespeare). 시대를 초월해서 읽히는 세계적 명작들을 남긴 셰익스피어를 논하는 것은 새삼스러운 일이지만 간략히 이야기해 보자. 지방 소도시의 한 평범한 시민의 아들로 태어난 셰익스피어는 4대 비극 『햄릿』·『리어왕』·『맥베스』·『오델로』 외에도 『로미오와 줄리엣』·『베니스의 상인』 등 37편의 작품을 남겨 세계의 가장 위대한 문학가 중의 한 사람이 되었다.

셰익스피어는 대학 교육을 받지 못했고 라틴어는 조금 알았으되 그리스어는 수박 겉핥기로 공부했을 뿐이었다 ―존슨(Ben Jonson)은 “라틴어는 잘못했으되 그리스어는 더 못했다”고 비꼬았다. 셰익스피어는 그처럼 제도상의 교육을 받지 못했으나 자신의 문학에 요청되는 그리스-로마 문화 등 서양 문화의 지적·정신적 유산에 정통했다. 사실 그의 작품의 태반은 극장의 레퍼터리를 개작한 것이고 나머지 작품들도 역사·로맨스·전설 등 대중적 소재를 다룬 것이지만 모두 불후의 명작이 되었다. 그리하여 그는 납이나 주석을 황금으로 탈바꿈시킨 연금술사로 묘사되기도 한다.

모호한 인물로부터 경제적으로도 성공한 사람으로 성장한 그는 그밖에도 훌륭한 신사들을 자신의 극단의 후원자로 끌어들이는 능력까지 가졌었다. 셰익스피어는 1588년에 스페인의 무적함대(Armada)를 패퇴시킨 후 강력한 해양 국가로 발돋움하던 엘리자베스 1세 시대에 크게 융성한 영국 국민 문학의 황금시대를 대표했다.

## 북유럽르네상스 예술

소홀바인의 '헨리 8세의 초상'
(런던 국립미술관)

위에서 지적하였듯이 르네상스는 북유럽에서도 훌륭한 예술적 성취를 자랑하였다. 고전적 세부(detail)와 원근법 등에서 이탈리아의 영향을 받았지만 이탈리아보다 폴랑드르에서 예술적 영감을 얻으려 한 알프스 이북의 예술가들은 특히 고딕 양식의 조각·그림·건축 등에서 뛰어난 작품들을 남겼다.

알프스 이북의 르네상스 예술을 대표하는 사람은 독일의 뒤러(A. Dürer; 1471~1528)였다. 「요한계시록의 4기사」·「아담과 이브」·「기사, 죽음, 그리고 악마」 등을 남긴 그는 북유럽적·민족적 전통에 이탈리아에서 얻은 영감을 결합했다.

뒤러의 '자화상'(고고미술관, 뮌헨)

그는 세 번에 걸친 이탈리아 여행을 통해 이탈리아의 인문학과 기하학적 원근법 등에 영감 받았음을 자인했다.

화가·제도사·디자이너 등으로 활약한 독일의 소(少)홀바인(H. Holbein; 1497~1543) 또한 북유럽적 전통과 이탈리아의 예술적 영감을 결합하려 했다. 특히 초상화에 뛰어난 그는 「헨리 8세의 초상」·「웨일즈공 에드워드의 초상」·「게오르그 기제의 초상」 외에도 「외국 대사들」·「무덤 속의 그리스도」·「성처녀를 숭모하는 시장 미이어 가족」 등을 남겼다.

대(大)브뢰겔(P. Bruegel: 1525?~69)은 16세기의 네덜란드가 자랑한 화가였다. 역시 2년에 걸쳐서 이탈리아를 여행하는 동안 화가나 휴머니스트들보다는 이탈리아의 농촌풍경에 더 깊은 인상을 받는 그는 농촌을 즐겨 그렸다. 「그리스도와 사도들이 있는 티베리아해 풍경」·「농군과 새 둥지」·「눈 속의 사냥꾼」·「농민의 결혼식」·「바벨탑」·「축제의 춤」 등이 그의 작품이다.

북유럽 르네상스의 건축은 일반적으로 고딕 전통이 유지되는 가운데 고전적 양식을 가미하는 등 르네상스의 영향을 수용하는 경향을 보였다. 대표적인 작품으로는 소이어(H. Soh- er)가 제작한 성피에르교회의 성가대석(캉 소재), 레스코(P. Lescot)가 설계한 루브르궁의 일부 등이다. 이탈리아 르네상스의 고전주의의 영향은 16세기 후엽과 17세기에 이탈리아로부터 알프스 이북으로 전파된 바로크양식의 건물들에서도 나타났다.

# 3

# 르네상스 휴머니즘

## 철학적 이념인가? 교육 프로그램인가?

## 르네상스 휴머니즘의 본질

### 르네상스의 휴머니즘이란?

이탈리아 르네상스는, 위에서 살펴보았듯이 문학과 예술에서 탁월한 업적을 남겼지만, 단순히 심미적이거나 예술적인 활동으로 한정되는 운동은 아니었다. 그것은 동시에 새로운 사고와 행동을 수반했고 따라서 정치·경제·사회 등 여러 분야에 걸쳐 새로운 경향 내지 움직임을 낳았다. 이탈리아의 휴머니스트들로 하여금 그처럼 문학과 예술에서 눈부신 성취를 얻었을 뿐만 아니라 이전과는 다른 경향의 정신과 태도로 정치적·경제적·사회적 문제를 다룰 수 있게 한 것은 무엇이었을까? 그것은 바로 휴머니즘(humanism: 인문주의)이었다.

물론 이탈리아의 휴머니스트들은 '휴머니즘'이란 용어를 사용하지 못했다. '르네상스(*Renaissance*)'란 용어가 19세기에 프랑스에서 처음 사용되었듯이 '휴머니즘' 또한 19세기 독일에서 처음 등장했다. 니탐머(F.J Niethammer)가 점차 강화되어 간 실용적이며 과학적인 교육에 맞서 1808년에 〔그리스-로마〕 고전 교육의 중요성을 강조하는 중에 휴머니즘(*Humanismus*)이란 용어를 사용했다. 그 이후 '휴머니즘'은 영국 등 다른 나라서도 사용되었고, 이탈리아 르네상스 문화에 대한 연구가 활발해지면서 르네상스와 연결되었다.21)

휴머니즘은 흔히 르네상스 휴머니스트들의 이데올로기 내지 세계관으로 설명되지만 휴머니즘이 르네상스의 유일한 이념이나 원동력은 아니었다. 특히 크리스텔러는 휴머니즘을 르네상스 전체의 이념 내지 철학과 동일시하는 것에 반대한다. 그에 의하면 그것은 르네상스의 사상과 학문적 경향에서 명확히 한정되는 영역일 뿐이며, 그 시대의 〔도덕철학을 제외한〕 철학·논리학·법학·의학 등은 르네상스 휴머니즘과 직접적 관련이 없었다. 위의 영역들

보티첼리의 '봄'(우피치미술관, 피렌체)

도 휴머니즘의 영향을 어느 정도 받았지만 각기 자체의 전통과 방향에 따라 발전했다는 것이다. 그러므로 크리스텔러는 르네상스 휴머니즘을 고전학 · 시 · 웅변 · 역사학 등에서 나타난 새로운 방향 혹은 경향으로 한정시키려 한다.[22)]

물론 휴머니즘만이 이탈리아 르네상스의 이데올로기였고 따라서 휴머니스트의 정신과 태도를 전적으로 좌우했다고 말할 수는 없을 것이다. 혹자는 르네상스의 휴머니즘을 '기독교' 휴머니즘으로 규정하지만, 휴머니즘 이외의 이데올로기를 이야기할 경우 다른 어떤 요소보다도 기독교를 생각하게 된다.

휴머니스트들 또한 기독교도였고 기독교 세계관 안에서 활동했다. 하지만 휴머니즘을 제외하고는 르네상스 휴머니스트들이 학문과 예술은 물론 여타 영역에서 거둔 성취의 핵심적 원동력을 찾을 수는 없을 것이다. 그것은 르네상스 휴머니스트 학자 · 사상가 · 예술가들에서 발견되는 공통의 요소였다. 그것은 대부분의 르네상스 휴머니스트의 정신과 태도를 규제한 이데올로기였다. 그것은 그리스와 로마의 정신을 본받아 새로운 세계와 역사를 창조하려 한 지적이되 인간적인 이념이었다.

## 휴머니즘에 대한 다양한 해석

휴머니즘은 사실 한 마디로 규정하기 어려운 다양한 요소와 경향을 포함했다. 그것은 고전 고대에 대한 숭모, 학문과 문학에 대한 자각, 인간중심적 관념 등을 포함한다. 그것은 또한 고전 작가들에 대한 관심, 문학적 양식에 대한 이상, 그리고 언어적 · 철학적 관심을 나타내었다. 그처럼 다양한 국면을 가지므로 휴머니즘에 대한 역사가들의 정의 또한 한결같지 않다.

일부 역사가들은 르네상스의 인문주의를 수미일관의 철학적 입장으로 해석하는가 하면 다른 역사가들은 고전 연구에 기초한 교육 프로그램으로 해석한다. 그 경우 웅변·문법·역사·도덕철학이 그 프로그램에 포함된다. 혹자는 그것을 도시국가의 지배 집단으로부터 유래한 지적이되 시민적 의식으로 설명한다.

특히 일부 학자들은 르네상스 휴머니즘을 철학으로 이해하는데 반해 다른 학자들은 그것을 도덕철학 이상의 철학으로 보려하지 않는다. 즉 한 편에서는 그것을 생활 철학이고 인간성의 성취를 예찬한 철학으로, 혹은 적어도 철학적 요소를 포함하는 것으로 보는가 하면 다른 편에서는 휴머니스트들이 논리학을 외면한 사실을 상기시킨다. 또한 혹자는 그것을 문법·수사학·법률 등 이탈리아적 전통을 추구한 문화상의 보수적 운동으로 규정하기도 한다.

그처럼 다양한 견해를 제시하지만 르네상스 휴머니즘의 본질에 대한 역사가들의 관점은 대체로 다음의 4가지로 요약된다. 우선 휴머니즘을 인간의 가치에 대한 새로운 이념으로 이해하는 경우이다. 즉 휴머니즘은 중세 문화의 초월적·집단적 구조에서 탈피하여 현실적·개인주의적 삶을 추구하고 인간의 가치나 역할과 관련해서도 근대적 관념을 표방하기 시작했다는 것이다. 두 번째는 그것을 라틴-기독교적 전통의 부활로 이해하는 경향이다. 말하자면 휴머니즘은 이교주의나 과학주의에 대항한 고전적·아우구스티누스적 전통을 부활시키려는 움직임이었다는 것이다. 세 번째는 그것을 교육적·문화적 운동으로 보는 관점이다. 크리스텔러와 그의 지지자들에 따르면 르네상스 휴머니즘은 문법·수사학·시·역사학·도덕철학 중심의 교육 프로그램이었다.

그리고 네 번째는 휴머니즘을 주로 자유도시국가 시민의 도덕적, 적극적 참여 및 애국적 활동과 관련지어 이해하는 경우이다. 말하자면 휴머니즘을 시민사회적이며 시민공동체적인 이데올로기로 평가한다는 것이다.[23] 이상의 여러 관점을 종합할 경우 르네상스 휴머니즘은 철학적·교육적·수사학적·문학적 운동이었고, 학문적·교육적·문화적 프로그램이었고, 심미적·현실적·인간중심적 관념이었다고 말할 수 있을 것이다.

☞ **시민적 휴머니즘 이야기**　휴머니즘을 시민사회적 이데올로기로 평가하는 대표적 역사가는 바론(H. Baron)이다. 그에 의하면 피렌체에서는 14세기 말 15세기 초에 걸쳐 밀라노의 침입에

저항하여 주권과 자유를 수호하기 위해 투쟁하는 과정 중에 도덕적이고 창조적인 이념에 기초한 공화주의적 자유가 강조되고 수도원적・초월적 가치가 아니라 활동적 생활 및 시민의 적극적 참여를 높이 평가한 시민적 휴머니즘(Civic Humanism)이 대두했다. 말하자면 밀라노의 침입은 피렌체인들로 하여금 시민의 평등적・적극적 참여를 전제로 하는 자유공화국의 정치적・문화적 역량을 왕성하게 발휘하게 했다는 것이다.

바론은 키케로적 모델을 따른 지혜와 행위의 결합, 애국적・시민적 생활과 정치적 참여, 휴머니스트 교육 장려, 모국어 문학에의 긍지 등을 시민적 휴머니즘의 특징으로 제시했다. 그는 또한 브루니와 포지오 등을 중심으로 하는 시민적 휴머니스트들은 피렌체를 고대 아테네 및 공화국 로마와 관련지었으며 중세의 초월적・수도원적 세계관을 완전히 탈피하지 못한 페트라르카의 한계를 극복했다고 논했다.

물론 바론의 시민적 휴머니즘 이론은 지지자와 함께 반대자도 등장시켰다. 전술했듯이 휴머니즘을 교육-문화운동으로 규정한 크리스텔러는 시민적・공화주의적 요소보다 서유럽의 수사학적 전통을 강조했다. 그리고 그에 영향을 받은 시겔(J. Seigel)은 시민적 휴머니즘의 존재를 인정하지 않으려 한다. 시겔에 따르면 브루니와 포죠 등 휴머니스트들은 수사학자일 뿐이다. 즉, 그들은 공동체적 가치를 일관해서 우선시한 것이 아니라 상황에 따라 생각과 주장을 바꾼 기회주의적 수사학자일 뿐이며, 따라서 정치적 신념이 아니라 직업적 수사학자라는 것이 그들의 행위를 지배했다는 것이다.

푸비니(R. Fubini)와 헨킨스(J. Hankins)도 바론의 시민적 휴머니즘 이론에 회의하는 역사가 집단에 속하는데, 그들도 아테네나 로마를 피렌체와 직접적으로 연결한 것에 동의하지 않는가 하면 바론이 시민적 휴머니즘을 상징하는 휴머니스트로 제시한 브루니를 직업적 수사학자 내지 과두정적 사상가로 보려 한다.[24)]

## 르네상스 휴머니즘의 몇 가지 특징들

르네상스 휴머니즘은 전술했듯이 철학적 체계, 인간성의 재인식, 인문학 교육 프로그램, 시민사회적 이데올로기 등으로 규정되지만 아래에서 이야기하는 몇 가지 특징적 경향을 보여주었다.

### 현실적·적극적 정신과 태도

그리스-로마의 고전 문화를 모범으로 삼아 중세적 한계를 극복하려 한 휴머니스트들이 그리스-로마의 현세적이며 합리적인 정신과 태도를 본받으려 한 것은 당연한 귀결이다. 그들은 중세 사람들의 초월적 · 금욕주의적 태도 대신 현실적이고 능동적인 정신과 태도에 가치를 부여했다.

최초의 인문주의자 페트라르카는 아직 중세적 · 명상적 생활에 대한 관심을 완전히 포기하지 못했으나, 그를 이은 14세기말 15세기초의 이탈리아 휴머니스트들은 페트라르카적 한계를 극복하고 관조적 생활에 대한 활동적 생활의 우위를 의심하지 않았다.

페트라르카는 활동적 · 적극적 생활의 가치를 인정하면서도 명상적 · 수도원적 생활이 더 큰 행복을 준다고 여겼지만 피렌체의 살루타티나 브루니 같은 인문주의자들은 대개의 경우 활동적 생활과 시민으로서의 의무를 하는 삶을 더 높이 평가했다는 것이다.

살루타티는 로마공화국 시민들의 적극적 행동을 예찬했는가 하면 활동적 생활의 가치를 높이 평가하고 자기시대 사람들에게 시민적 삶을 권고했다. 위에서 간략하게 소개했지만 '시민적 휴머니즘' 이론을 편 바론에 따르면 1427년부터 1444년까지 서기장으로 피렌체를 이끈 브루니는 활동적 생활관, 자유주의적 정치사상, 새로운 역사의식 등을 특징으로 하는 시민적 휴머니즘을 주도했다.

역시 바론에 의하면 고대 아테네와 로마공화국의 시민 생활을 모범으로 삼으려 했던 피렌체인들은 밀라노의 침략으로 야기된 1400년 전후의 국가적 위기 때에 시민적·활동적 정신과 태도로 무장했다. 물론 니콜리(N. Nicoli)처럼 휴머니스트 중에도 관조적 생활에 매달리는 사람들이 없지 않았으나 살루타티·브루니·포지오·팔미에리 같은 휴머니스트들은 물론 르네상스인들은 대체로 인간적·현실적 일에 가치를 부여하고 관조적·명상적 생활보다 활동적이고 능동적인 생활의 우월성을 의심하지 않았다.

□ 반(反)스콜라주의

이탈리아 르네상스의 휴머니스트들은 그러므로 중세의 공리공론적 스콜라 철학을 멀리한 반면 현실적으로 필요한 지혜와 지식을 줄 뿐만 아니라 인간의 성격 형성이나 행동 발달과 직접적 관계를 가지는 역사학·도덕철학·수사학·문법 등의 가치를 높이 평가하고 청소년들에게 그것들을 가르치기 위해 노력했다.

휴머니스트들의 반스콜라주의는 이미 페트라르카에서 나타났다. 페트라르카는 스콜라 철학의 명목론은 논리가 아니라 반대자를 공격하기 위한 궤변에 불과하다고 주장했다. 그는 아리스토텔레스가 위대한 학자임을 인정했지만 그 역시 인간일 뿐이고 따라서 여러 가지 문제에서 무지했다고 평가했다. 스콜라철학을 신랄하게 비판한 그는 오컴(William of Ockham)류의 변증가들을 비판하고 변증법을 페스트에 비유했다. 그는 보카치오에게 보낸 편지(1365)에서 의사들은 스콜라 철학자들이 할 수 있는 일밖에 할 줄 모른다며 의사와 스콜라 철학을 함께 비난했다.

페트라르카의 후계자들 역시 스콜라 철학을 외면했다. 살루타티는 사람들에게 궤변과 애매한 말의 세계에서 벗어나라고 충고했다. 스콜라 철학을 비판한 페트라르카를 열렬히 지지한 그는 스콜라 철학자들을 돌려대기를 일삼는 자들 혹은 해결 불가능한 논쟁을 애써 고안해내는 것에서 희열을 느끼는 자들로 규정했다.

브루니 또한 아래의 인용문에서 나타나듯이 스콜라 철학들을 자신들도 알지 못하는 것을 가르치는가 하면 어법에 무지하면서도 아리스토텔레스에 의지함을 자랑하는 자들이라고 말했다. 그는 『대화집』에서 "오, 자신들도 알지 못하는 바를 가르치는 우리 시대의 탁월한 철학자들이여! 나는 그들이 어법에 무지하면서, 왜냐하면 그들은… 어법 위반을 저지르기가 일수이기 때문인데, 어떻게 철학을 연구하는지 참으로 그들을 의심하지 않을 수 없다.… 이제 크나큰 오만이 무지와 합세했기 때문에 스스로 현자로 자부하는 자들을 누가 평정한 마음으로 대할 수 있는가?"며 개탄하였다.[25]

물론 크리스텔러가 지적했듯이 스콜라 철학은 휴머니즘과 거의 같은 시기에 이탈리아에 유입되어 그것과 오랫동안 공존했다. 르네상스에 들어와 아리스토텔레스의 그리스어 원전이 연구되는가 하면 새로운 라틴어 판 원전도 출현했다. 뿐만 아니라 스콜라 철학은 르네상스 이후까지 휴머니즘과 공존하며 발전했다. 하지만 페트라르카와 브루니를 비롯한 휴머니스트들이 스콜라 철학을 공격했고 그로 인해 스콜라 철학이 위축된 점은 크리스텔러도 인정했다. 비록 스콜라 철학이 휴머니즘과 나란히 연구되고 수용되었다고 하더라도 휴머니스트들이 스콜라 철학에 본질적 가치를 부여한 것은 아니었다.

### □ 과학적 · 창조적 정신

고전정신을 본받으려 하는 위에 인간적인 것에 가치를 부여하고 인간과 세계, 인간과 주변 환경과의 관계를 새로이 설정하려 했으므로 인문주의자들은 합리적 · 주지주의적 태도로 자연을 관찰했으며 새로운 것에 공포심을 느끼지 않았다. 그러므로 그들은 미술에서 원근법을 도입했는가 하면 건축이나 그림에서 자연주의적·사실적 기법을 발전시킬 수 있었다. 그리고 레오나르도 다 빈치를 지나 코페르니쿠스와 갈릴레이에 이르러 꽃을 피운 과학적 정신을 발휘할 수 있었다.

일부 역사가들은 르네상스를 비과학적 시대 혹은 반(反)과학적 시대로 보나 —전술했듯이 사턴은 르네상스를 중세와 17세기 사이의 과학적 침체기로 규정했다— 르네상스는 대체로 비과학적 가치를 추구하지 않았다. 르네상스의 사실주의와 자연주의는 바로 과학으로 이어지며 르네상스 시대에 유행한 사이비 과학인 점성술도 오히려 관찰과 실험 정신을 북돋우었다. 인문주의자들은 새로운 것을 두려워하지 않은 개척자요 탐구자들이었다.

인문주의자들은 또한 내세 지향적이 아니라 현실적 성취에 가치를 부여했다. 그러므로 그들은 능동적이고 적극적인 시민에서 애국적 시민상을 발견했던 것이다. 위에서 말했듯이 페트라르카는 활동적 생활 못지않게 명상적 생활을 예찬하고 그것을 진리에 도달하고 행복을 얻는 생활로 여기면서도 —그러므로 바론은 그를 '가나안'에 도착하

피에로 델라 프란체스카의 '예수의 부활'(코뮌궁, 산세플크로: 피렌체)

지 못한 모세로 묘사한다— 다른 한편 참다운 지혜는 인간성, 인간의 삶, 인간의 공·사 생활, 국가의 통치에 관계하는 것이라고 말했다. 그리고 그런 분야들이야말로 바로 고대의 철학자들이 탐구한 분야였다는 것이다.

르네상스 인문주의는 지적이며 문화적인 이데올로기였으되 새로운 가치와 새로운 질서를 지향했다. 휴머니즘은 시민적 사회의 보전에 필요한 능동적 덕의 함양을 도모하려 했고, 개인적 성장과 사회적 발전에 요구되는 실용적 지식을 연마하려 했다. 휴머니즘은 부르크하르트가 강조한 바의 개성적 인간을 출현시켰을 뿐 아니라 바론이 강조한 바의 윤리적이되 적극적인 시민을 출현시켰다.

그러므로 휴머니즘은 문학과 예술에 새로운 자극을 주었을 뿐만 아니라 정치·사회·경제 등 모든 것에 창조적 변화를 자극했다. 이탈리아 르네상스는 지적·문화적 운동이었을 뿐만 아니라 세속적이며 합리적인 삶의 가치를 선전한 신사회 운동이기도 했다.

## 인간성의 존중

르네상스 휴머니즘이 지향한 것 중에서 강조해 지적할

수 있는 다른 하나는 인간성에 대한 재인식과 그에 따른 인간의 존중이다. 부르크하르트는 르네상스를 세계와 인간의 재발견으로 규정했지만 르네상스 인문주의의 한 경향은 인간성을 바로 파악하고 인간과 자연, 인간과 세계와의 관계를 새로이 설정하고 이해하는 것이었고, 그것은 결국 인간가치 혹은 존엄성의 인정으로 나아갔다.

□ 인노켄티우스 3세 vs 마네티

중세의 사람들도 신을 닮게 창조된 인간의 존엄성을 전적으로 외면하지는 않았지만, 그들은 인간의 존엄성보다는 원죄(原罪)와 낙원(에덴동산)으로부터의 추방을 더 강조했다. 중세의 인간관을 상징적으로 제시한 인물은 교황 인노켄틴우스 3세(1198~1216)였다.

인노켄틴우스 3세는 추기경시절에 쓴 『가련한 인간적 조건』에서 인간의 비참성 · 무력성 · 죄악성을 이야기했다. 그에 따르면 인간은 먼지로 빚어졌으며, 이기심으로 인해 죄를 지으며, 구원받지 못할 경우 죽은 후엔 불을 밝히는 연료 · 벌레의 먹이 · 타락의 덩어리가 되어 지옥에 떨어진다. 그는 '신의 형상대로의 창조'를 이야기하는 대신 "그래서 여호와는 지상의 먼지로 인간을 만들었다"(「창세기」 2: 7)는 구절을 인용하면서 인간은 먼지·흙·재 및 지극히 소용없고 추악한 정충으로 만들어졌고, 따라서 불로 만들어진 동물보다 열등하고 공기로 만들어진 바람보다 열등하다고 논했다.

반면 휴머니스트들의 낙관적이고도 긍정적인 인간관은 마네티·피치노·피코 등에 의해 명확하 제시된다. 마네티(G. Manetti)는 인노켄티우스 3세의 주장을 논박한 『인간의 권위와 존엄성』에서 인간을 육체적으로 뛰어나고 민감하며 미적으로 우월한 불멸의 존재일 뿐만 아니라 존엄하고 아름답게 태어났으며 인간의 영혼 또한 고귀하고 장엄하다고 주장했다.

그는 "오, 인간이여… 당신은 무한한 권위와 탁월성을 자랑하는 성질과 운명을 부여받았고, 당신들의 지배와 명령은 바다의 물 속과 하늘에 있는 모든 존재를 복속시켰다"고 말했다.

□ 피치노와 피코의 인간관

피치노(M. Ficino)는 우주 계층 구조에서의 위치를 중심으로 인간의 존엄성을 논했다. 그에 의하면 유기적 인과관계 계층 구조를 구성하는 5원소 －존재론적 본체〔신〕·정신〔천

사) · 영혼(인간) · 성향(quality) · 물질(body)– 중에서 인간은 중앙에 있어 상하의 존재들을 중재할 수 있을 뿐만 아니라 위로는 신에 이르고 –그는 "인간이 천상의 창조주와 거의 같은 재능을 소유한다는 사실을 누가 부정할 수 있는가?"고 반문했다– 아래로는 물질적 존재에 이를 수 있다. 말하자면 인간은 중요하고도 명예로운 자리를 차지하며, 지성과 물질 및 영원과 유한 모두에 관계한다는 것이다.

반면 피코(Pico della Mirandolla)는 인간의 자유 의지를 강조했다. 그에 따르면 인간은 우주에서 특권적 자리를 차지할 뿐만 아니라 어떤 정해진 자리가 없어 자신이 원하는 존재가 될 수 있다. "그대의 소망과 그대의 판단에 따라 그대는 그대가 원하는 어떤 거소, 어떤 형태, 어떤 기능도 소유할 수 있다." 그야말로 자유의지의 완전한 발현이 아닐 수 없다. 그는 신이 인간에게 모든 종류의 씨앗을 주었으므로 선택 여하에 따라서 동물적 존재도 천상적 존재도 될 수 있다는 것, 그리고 신이 인간을 최후로 창조하면서 다른 존재들에게 준 재능 모두를 인간에게 주었다는 사실을 강조했다. 그러므로 피코에 있어서 인간은 자기 창조자 내지 자기 형성자가 될 수 있는 존재다.26)

## 자기 시대에 대한 긍지

이탈리아의 휴머니스트들은 고전에 의지하면서도 자기 시대의 성취를 자랑했다. 부르크하르트는 '고전의 부활 없이도' 르네상스의 여러 현상의 본질은 동일했을 것이라고 말했지만 휴머니스트들은 고전 고대에 크게 의존했다. 앞에서도 지적했지만 페트라르카는 키케로주의자임을 자랑스럽게 밝혔고 살루타티는 "우리 시대는 공적 일이나 통치, 웅변이나 예술의 연구 어느 것에서나 고대인들과 겨룰 수 없다"고 말하였다.

브루니 또한 자기 시대의 사람들은 고대인들에 비해 '난쟁이'이며 자신들의 생활은 영속적 영광에 필요한 자질을 갖지 못했다고 고백한다. 피아노(Francesco da Fiano) 같은 휴머니스트는 고대 시인과 웅변가들의 능변을 '빛나는 행복'으로 묘사한 반면 고대 비판자들을 비방자와 명예훼손자로 규정했다

그렇지만 휴머니스트들은 맹목적 고전주의자가 아니었다. 전술했듯이 페트라르카·살루타티·브루니 등 대부분의 휴머니스트들은 고전을 비판적으로 주해하거나 새롭게 설명하려 했다. 뿐만 아니라 그들은 점차 자기 시대와

자기 시대의 성취를 긍정했다. 브루니는 『피렌체인민사』에 붙인 서문에서 "피렌체의 성취는 우리가 읽을 때마다 예찬하는 고대의 위대한 행위나 사건들에 뒤지지 않는 것으로 나타날 것이다"고 말한다. 브루니의 긍정적 자기 시대 관념은 "베르질리우스의 모든 편지들보다 페트라르카의 웅변 하나를 더 좋아하고 키케로의 시 전체보다 페트라르카의 시들을 더 좋아한다"는 말에서도 입증된다. 구아리니 또한 다른 사람들의 전철을 따를 뿐 새로운 길을 모색하지 않는 자는 어리석은 자라고 말했다.

로마의 역사에 대한 관념에서도 휴머니스트들의 긍정적 자기시대 관념을 읽을 수 있다. 페트라르카에 있어 역사는 곧 로마역사이고 역사를 쓰는 일은 곧 영원한 제국 로마를 예찬하는 것이었다. 그러나 브루니의 경우 역사연구는 피렌체의 뿌리를 밝히고 나아가 피렌체의 자유 보전 노력을 예찬하기 위한 것이었다. 비온도(Flavio Biondo) 또한 자기 시대의 성취에 자부심을 표했다. '영원한 로마' 관념을 극복한 그는 로마의 멸망을 명백한 역사적 사실로 인식했다. 휴머니스트들은 그처럼 고대의 위대성만이 아니라 자기 시대의 성취를 긍정하는 상대주의적 역사의식으로 자기 시대와 고대의 역사를 이해하고 평가했던 것이다.

휴머니스트들은 기본적으로 고전의 가치와 권위를 존경했지만 그처럼 자기 시대를 긍정했다. 더욱이 그들은 비관적 고전주의에 함몰되지 않았다. 그리스-로마의 역사가들과 동일하게 역사를 신의 일이 아니라 인간적 일로 이해하기 시작한 휴머니스트들은 고대를 숭모하고 본받으려 하면서도 자기들의 시대와 고대를 분명히 구분하는 역사적 지각력을 소유했을 뿐만 아니라 자기 시대가 고대를 능가할 수 있다고 자부했다.

따라서 휴머니스트들은 고대를 배우되 모방으로 일관하지 않고 고대를 비판적으로 수용할 수 있었다. 각 시대는 그 시대의 언어로 이해되어야 하고 각 시대의 진리는 그 시대의 문화적 환경으로부터 비롯한다는 상대주의적 주장은 휴머니스트들이 고대에 맹목적으로 의존하지 않았음을 말해 준다. 그들은 자기시대의 필요에 따라 혹은 자기 시대를 위해 고전 고대에서 모범을 찾았을 뿐이었다. 그들은 고대를 창조적으로 이용하여 현재를 혁신하려 했다.[27]

## 모국어에 대한 애착

앞에서 휴머니스트들의 모국어 문학을 이야기하면서

간략하게 언급했지만 휴머니스트들의 모국어에 대한 긍정적 태도 또한 휴머니즘의 한 경향이었다. 재언할 것도 없지만 휴머니스트들에 있어서 라틴어는 참다운 언어요 진리의 언어였다. 모국어로 『신곡』을 쓴 단테도 인공적·문법적 언어인 라틴어는 자연적 언어인 지방어와는 다르고 우월하다고 여겼다. 보카치오는 단테가 모국어 아닌 라틴어로 서술할 때 훨씬 더 세련되고 장엄하다고 말했다. 사실 휴머니스트들은 대개 라틴어 교사였다.

하지만 휴머니스트들은 점차 자기 시대 및 자기 시대가 성취한 것의 가치를 의식하면서 모국어에 대해서도 적극적이고도 긍적적인 자세로 접근하기 시작했다. 예컨대 브루니에 있어서 이탈리아어는 살아 있는 언어로써 훌륭한 시의 도구가 될 뿐만 아니라 '그 자체로 고아함과 과학성을 갖는' 언어였다. 그는 피렌체어로도 추상적이고 심오한 사상을 완전하고 명료하게 표현할 수 있다고 주장했다. 즉 이탈리아어에도, 라틴어적 세련미는 부족하지만, 사상의 고아함과 위엄이 있다고 생각했던 것이다. 위에서 소개했듯이 브루니는 페트라르카의 시와 웅변이 베르질리우스와 키케로의 그것에 못지않다고 자부했다.

팔미에리·마네티·알베르티·란디노(C. Landino) 등도 이탈리아어를 학문적 언어로 사용하면서 라틴어와의 동등성을 주장했다. 특히 알베르티는 라틴어의 우수성을 부정하지 아니하되 라틴어의 우수성이 이탈리아어의 열등성을 의미하는 것은 아니라고 논했고, 란디노는 호메로스와 베르질리우스가 각각 그리스어와 라틴어에 공헌했듯이 단테는 이탈리아어에 공헌했다고 논했다.

이탈리아의 대표적 휴머니스트-언어학자였던 L.발라도 언어를 상대주의적 시각에서 평가했다. 사실 발라는 라틴어 숭모자였다. 그는 라틴어가 모든 민족으로 하여금 인문학을 익힐 수 있게 하고, 최선의 법률을 가르치고, 모든 지혜의 길을 마련해 주어 야만족으로 전락하지 않게 했다고 논했다. 하지만 그는 언어를 권위와 정해진 문법에 의해 규제 받는 것이 아니라 살아 있되 변화하는 것으로 이해한다. 그에 의하면 언어에서 중요한 것은 고대적 뿌리가 아니라 이해 가능한 어법이다. 그는 포도주의 발명이 물 마시는 것을 중지시키지 않았듯이, 혹은 실크의 사용이 린넨이나 무명의 사용을 중지시키지 않았듯이 라틴어가 이탈리아어를 더 힘있는 언어로 발전할 수 있게 했다고 말한다.

보수적 고전주의에서 점차 벗어나 상대주의적 시각에서 문화와 역사를 수용하기 시작한 이탈리아의 휴머니스트들은 그처럼 모국어의 가치를 인정하고 모국어로도 서술했다. 『유토피아』 같은 명작이 모국어로 번역되는가 하면 〔베네치아에서는〕 이탈리아어 서적의 출판이 활발하게 이루어졌다. 요컨대 모든 언어는 자체의 완전성·세련성·과학성을 가진다는 브루니의 주장은 휴머니스트의 모국어에 대한 적극적 관념을 잘 말해 준다.

발라에 있어서 이탈리아어는 이해 가능한 어법의 언어였다. 휴머니스트들의 이탈리아어 옹호와 사용은 이탈리아어가 라틴어와 동등한 언어로 발전할 수 있는 잠재적 가능성을 가졌음을 인식한 결과였다.28)

# 4
# 이탈리아 르네상스 문화의 역사적 위치

## 이탈리아 르네상스 문화의 침체

이탈리아의 문화 창조력도 15세기 후엽 이후부터 서서히 약화되기 시작했다. 역시 경제의 침체는 이탈리아 르네상스를 침체로 이끈 가장 중요한 원인이었다. 알프스 이북의 경제는 흑사병 이후에도 성장을 멈추지 않은데 반해 이탈리아의 경제는 흑사병 이후 침체의 늪을 좀처럼 헤어나지 못하였다. 거기다 이탈리아 각국의 내적 대립과 국가들 사이의 심각한 분쟁이 이탈리아반도를 더 깊은 침체의 늪으로 이끌었다.

각국의 내적 대립과 외적 분쟁은 말할 것도 없이 이탈리아로 하여금 무익한 정치적 분쟁에 정력을 낭비하게 했다. 뿐만 아니라 그것은 분열 상태의 이탈리아로서는 감당할 수 없는 외적의 침입을 초래했다. 이탈리아반도 전체를 비극적 재앙에 빠뜨린 1494년의 프랑스의 침공 이래 계속된 프랑스·스페인·독일 등의 침략 혹은 간섭은 이탈리아인들로부터 창조적 정력을 빼앗는 데 부족함이 없었다.

그 중에서도 프랑스의 침입은 이탈리아반도를 미증유의 재앙에 빠뜨렸다. 그것은 전체 이탈리아적 불행의 시작이었다. 프랑스의 샤를 8세(Charles VIII)는 '로디평화조약'과 '이탈리아동맹' 하의 불안한 평화를 한 조각의 분필(*col gesso*)로 파괴시켜 버렸다.29) 나폴리 왕국과 밀라노 공국에 대한 역사적 권리를 주장하면서 이탈리아 침공의 기회를 노리던 프랑스에 침공 구실을 준 것은 밀라노였다.

밀라노의 스포르자(Ludovico Sforzza: *Moro*)는 내적 권력 투쟁에서의 세불리와 외교적 고립을 타개하기 위해 프랑스에 원조를 요청했다. 하지만 밀라노를 포함한 이탈리아 전체를 손에 넣으려 한 프랑스는 대규모 군대를 동원했다. 역내의 소규모 전쟁밖에 경험하지 못한 데다 사분오열 상태에 있던 이탈리아는 처음부터 프랑스의 적수가 될 수 없었다.

프랑스 군대는 밀라노와 토스카나를 거쳐 로마를 점령하고 1495년에는 나폴리 왕국까지 손에 넣었다. 프랑스의 침략 앞에서도 서로 불신하고 대립한 이탈리아 각국은 프랑스와 협상하는 것 외에 다른 선택을 할 수 없었다.

외침과 정치적 대립, 경제적 침체 등과 함께 이탈리아 르네상스 문화도 숨을 거두었다. 15세기 후엽의 이탈리아 역사는 내적 결속의 중요성을 다시 한번 일깨워 줄 뿐만 아니라 자유분방함과 무정부적 혼란은 같지 않다는 역사적 진리를 일깨워 준다. 경제적 번영에서 오는 산업사회적 자유분방함은 왕성한 창조력을 의미하지만 정치적 무정부 상태는 바로 창조력의 고사(枯死)를 의미한다.

15세기 말의 이탈리아는 또한 고대 그리스의 폴리스 세계에서와 같이 통일 국가가 아니라 소국으로 분열할 경우 나라들 사이에 균형을 유지하는 것의 중요성을 재인식하게 한다. 아테네와 테베 등 많은 폴리스들이 조화와 균형을 유지할 때 번영했듯이, 균형과 조화 상태에서 경쟁할 때에 이탈리아의 피렌체·베네치아·밀라노·나폴리 등은 문화적 창조력을 한껏 발휘할 수 있었다. 그러나 외세가 개입하고 그들 사이의 균형이 깨어지면서 그들의 왕성한 문화

창조력도 과거의 역사로 되어버렸다.

## 이탈리아 르네상스의 평가와 역사적 위치

역사의 흐름은 큰 강의 도도한 흐름과 같아 중세니 근대니 하는 시대 구분은 인위적인 것일 뿐이고 또한 보는 시각에 따라 중세나 근대의 시작과 끝으로 설정하는 시점도 상이하지만, 이탈리아 르네상스는 전통적으로 근대의 시작으로 여겨져 왔다. 말하자면 중세적 전통을 완전히 벗어나지는 못하였지만 르네상스에 의하여 인간과 세계가 재발견되어 중세가 극복되고 새로운 역사가 시작되었다는 것이다.

### 중세주의자들의 반란

그러나 1930년대 이후부터 일부 중세사 역사가들은 암흑시대로 인식되어 온 중세를 재평가하고 나아가 이탈리아 르네상스로부터 근대세계가 시작되었다고 설명한 부르크하르트의 관점을 논박하기 시작했다. 특히 오늘날 중세주의자로 불리는 일단의 역사가들은 르네상스보다 중세 후기가 오히려 더 진보적 사회였으며 르네상스는 새로운 이념을 도입하거나 근대적 문화를 창조하지 않았다고 주장한다.

사실 20세기의 서양 역사학계는 중세사 연구에서 괄목할 만한 성과를 거두었다. 중세사 역사가들은 근대의 전형으로 여겨져 온 중요한 경향들이 이미 중세에 존재했음을 밝혀냈는가 하면 중세적 전통이 이탈리아 르네상스 이후까지 존속했었음을 입증해 주는 요소들을 르네상스 문화에서 찾아내었다. 그러므로 그들 중세주의자들은 종래 문화적 암흑시대로 여겨져 온 중세와 근대적 세계를 연 것으로 인식되어 온 르네상스 사이에 어떤 명확한 차이도 없다고 주장했다.

중세주의자들은 14세기 중엽 이후의 이탈리아반도가 아니라 12·13세기에 알프스 이북 유럽에서 일어난 르네상스들에 유의했다. 말하자면 카롤링 왕조의 프랑스, 앵글로-색슨족의 영국, 오토 1세의 독일제국에서도 르네상스가 일어났다는 것이다. 그 중에서도 중세주의자들을 가장 크게 고무한 것은 프랑스에서 일어난 이른바 '12세기의 르네상스'였다.

'12세기의 르네상스'는 미국의 중세주의자 헤스킨스(C.H. Haskins)에 의해 역사상의 보편적 어휘로 자리잡았다. 헤스킨스는 1927년에 서술한 『12세기의 르네상스)』에서 12세기의 프랑스에서 라틴 고전 문학이 부활되어 고전에 대한 열정과 함께 높은 수준의 문화를 창조했고, 12세기의 명백한 특징인 고전의 부활(*renaissance*)은 그 이후의 유럽 문화에 지대한 영향을 끼쳤다고 주장했다.

다른 연구자들은 한 걸음 더 나아가 실제의 르네상스, 즉 유럽으로 하여금 퇴보적 문화로부터 근대적 문화로 전환하게 한 르네상스는 14세기 후엽에 이탈리아에서 일어난 것이 아니라 12세기의 프랑스에서 일어났다고 주장한다. 손다이크(L. Thorndike)도 그 중의 한 사람이다.

손다이크에 의하면 자연적 미에 대한 근대적 인식은 이탈리아 르네상스에서 비로소 등장한 것이 아니라 이미 10세기부터 독일·프랑스·영국 등에서도 발견된다. 그는 여러 성당을 장식한 13세기의 조각들에 횃대 위의 잉꼬·잠자리·파리·방아깨비·바다가재 같은 곤충이나 동물을 곁들인 것은 중세 사람들의 자연에 대한 사랑만이 아니라 과학적 관심도 말해 주며, 고딕식 성당을 장식한 괴수(怪

獸)나 짐승 조각들은 동물 해부학에 관한 재능을 보여주는 것이라고 말한다.

앞에서 언급했지만 과학사가 사턴에 따르면 이탈리아 르네상스는 과학적 침체기인데 반해 11~14세기는 과학적 성취의 시대였다. 말하자면 과학적으로 볼 때 이탈리아 르네상스는 두 부흥기 −11세기부터 14세기까지의 부흥기와 17세기 이후의 부흥기− 사이에 있은 중간 휴식기였다는 것이다. 그는 인쇄술과 지리상의 발견에 대한 냉담한 태도만으로도 이탈리아 휴머니스트들의 과학에 대한 태도를 알 수 있다고 말했다. 그는 원근법과 인체해부 등 이탈리아 르네상스의 화가와 장인(匠人)들이 거둔 과학적 성취를 인정하면서도 과학상의 참다운 발전은 중세와 17세기에 알프스 이북에서 이루어졌다고 주장했다.[30]

## 역사적 실체 이탈리아 르네상스

중세주의자들의 중세와 르네상스의 관계에 대한 새로운 비판적 인식 내재 부정적 설명은 르네상스에 대한 전통적 해석에 대한 정면 도전이었다. 중세주의자들의 반란은 이탈리아 르네상스에 대한 고전적 해석, 곧 부르크하르트적 해석의 수정을 불가피하게 했다.

사실 오늘날 어떤 역사가도 유럽이 이탈리아 르네상스 이전에 1천여 년간 야만과 미신에 빠져 있었다고 보지 않는다. 르네상스사(史) 역사가들은 또한 르네상스의 수준 높은 문화는 중세문화로부터 발전한 것이며 나아가 중세적 뿌리의 흔적을 줄곧 보전했다는 사실을 인정한다.

중세주의자들의 반란의 여파는 그것으로 그치지 않았다. 1940년대 후엽과 1950년의 한동안 르네상스라는 관념 자체가 회의의 대상이 되었다. 특히 중세주의자들은 이탈리아 르네상스의 존재를 부정했다. 요컨대 근대 서양의 핵심적 특징들로 여겨져 온 요소들을 중세에서 찾은 중세주의자들에 의해 근대의 여명을 연 것으로서의 이탈리아 르네상스는 그 빛을 잃었을 뿐만 아니라 그 역사적 존재 자체마저 의문시되는 상황에 처하게 되었던 것이다.

☞ **부르크하르트 vs 후이징하** 이탈리아 르네상스학을 본궤도에 올려놓았을 뿐만 아니라 전통적 해석을 제시한 역사가는 부르크하르트였다. 그의 『이탈리아 르네상스문화사』(1860)는 이탈리아 르네상스 문제에 관한 토론의 출발점이 되어 왔다. 부르크하르트의 이탈리아 르네상스관은 '세계와 인간의 재발견'이라는 한마디로 요약될 수 있다. 부르크하르트에 있어 이

탈리아 르네상스는 의심할 여지없는 근대의 시작이었다.

"이탈리아에서 〔중세적〕 베일이 처음으로 녹아 공기 속으로 사라졌다. 즉 국가에 대한, 그리고 이 세상의 모든 존재에 대한 객관적 취급과 고찰이 가능했다. 동시에 주관적 측면도 그것에 상응해서 강조되었다. 그리하여 인간은 정신적 개인이 되고 또 자신을 그런 존재로 인식했다."

이탈리아 르네상스에 관한 부르크하르트의 관점이 잘 나타나는 부분일 것이다. 오늘날 부르크하르트의 이탈리아 르네상스관에 전적으로 동의하는 역사가는 거의 없지만, 그의 『이탈리아 르네상스 문화』는 이탈리아 르네상스와 관련하여 여전히 많은 것을 제공하고 있다.

반면 중세주의자의 한 사람인 후이징하(Johan Huizinga)는 진보 개념과 발전 개념 어느 것도 르네상스의 개념이 아니었다고 분석하면서 〔알프스 이북의 르네상스를 포함해〕 르네상스를 근대와 동일시하는 것에 반대한다.

후이징하는 또한 르네상스가 중세 전성기의 특징적 요소들로 충만해 있는 반면 중세와 어떤 차이도 보여주지 않는다고 주장한다. 그에 따르면 자기의 능력과 가능성을 최대한으로 발전시켜 자기의 생활과 인격을 표현하려고 하는 것, 자기의 독립성에 대한 의식, 사회에 대한 책임감 등 근대적 문화의 기본으로 볼 수 있는 어떤 것도 르네상스 시대에 본격적으로 등장하지 않았다.

특히 유의할 점이 있다면, 후이징하는 이탈리아 르네상스를 복합적으로 분석한 부르크하르트와는 달리, 르네상스 문화의 각 국면을 분리하여 고찰했다. 후이징하에 따르면 복합체로서의 문화의 변화는 일어나지 않는다. 그러므로 그에 따르면 어떤 영역의 근대는 중세와 르네상스 사이의 어느 시점에 시작되고 다른 영역의 근대는 13세기나 17세기에 시작된다.31)

위에서 이탈리아 르네상스에 관한 부르크하르트와 후이징하의 엇갈린 평가를 소개했지만 오늘날 '르네상스'는 새로이 생명력을 얻고 있다. 1960년대에 이후 왕성하게 이루어진 사계 학자들의 다각적 연구가 낳은 다대한 연구성과에 힘입어 르네상스 문화에 대한 사가들의 이해는 크게 향상되었다. 그리하여 오늘날 누구도 르네상스 문화의 중세적 뿌리를 부정하지 않지만 동시에 대부분의 연구자들은 르네상스가 변천과 재구성의 시대였음을 인정하고 있다.

한마디로 말해 이탈리아 르네상스는 인간에 대한 새로운 관념이 낳은 것이었다. 그것이 이룩한 변화 내지 성취는 무엇보다도 새로운 가치관과 세계관에 기초한 것이었고, 새로운 가치관과 세계관은 인간성 혹은 인간의 지위에 대한 긍정적 접근을 가능하게 했다. 이탈리아 르네상스의 인문주의자들에 의해 인간성 문제는 보다 깊이 있고 활발하게 전개된 토론의 주제로 등장했고, 그에 따라 중세적 인간관은 비판받거나 수정되어 갔다.

인간과 신 혹은 인간과 사물의 관계가 새로이 설정되기 시작했다. 이제 인간은 원죄의 존재일 뿐만 아니라 신을 닮은 존귀한 존재, 신적 경지로까지 나아갈 수 있는 자유의지의 존재이기도 했다. 인간은 지상의 모든 존재 중에서 가장 탁월한 존재일 뿐 아니라 그 모두를 지배하고 이용하는 존재로 되었다.

변천과 재구성의 시대인 이탈리아 르네상스와 더불어 문화 전반에 걸쳐 낡은 틀이 허물어지고 새로운 기운이 일어나고 있었지만 역사의식(歷史意識)도 인간중심적·현실주의적 그것으로 발전해 갔다. 이탈리아의 휴머니스트 사가들은 섭리사관에 안주한 대부분의 중세 사가들과 달리 역사를 인간의 일로 인식했다. 말하자면 인간을 역사의 주체로 수용했다는 것이다. 그들은 중세의 초월적 역사관을 버리고 자연주의적 시각에서 역사를 고찰하고 서술했다. 인간이 인간의 역사를 만들어간다고 판단했기 때문에 그들 휴머니스트 사가들은 역사를 '실제의 사례로 교훈을 주는 것'으로 수용할 수 있었다. 역사관은 한 시대의 이념이나 세계관을 담아내는 시대의 거울이기도 하지만 르네상스 휴머니스트 사가들의 현실적·자연주의적 역사의식이 갖는 의미를 짐작할 수 있게 된다.

우리는 이탈리아 르네상스의 휴머니스트들이 경험적·과학적 자세로 현실세계의 일을 고찰하고 과학적 주제들에 대한 토론의 장을 마련하려 한 사실에도 유의해야 할 것이다. 혹자는 그들이 사이비 과학인 점성술에 크게 의지한 점을 지적하지만 점성술은 적어도 경험적·과학적 고찰을 함양할 수 있게 했다. 뿐만 아니라 그들의 점성술이 자연스럽게 천문학과 결합한 사실도 염두에 두어야 할 것이다. 예술과 학문 사이의 장벽이 무너지고 기술과 과학의 결합이 활발해져간 이탈리아 르네상스 사회는 사실주의와 경험주의를 지향했고, 인체해부학과 기하학적 원근법을 자랑하였다. 이탈리아 르네상스로부터 중세의 초월적·비과학적 세계관이 자연적·경험적 그것으로 대체되어 가기 시작하였다.

## □ 주

1) Cf. P. Burke, "The Sense of Historical Perspective in Renaissance", *Journal of World History*, vol. 11(1969), p.617; 진원숙, 「14·5세기의 휴머니즘들의 역사적 퍼스펙티브」(『동서문화』 제18집, 1986, 계명대학교 동서문화연구소), pp.167~70.

2) Cf. Hans Baron, *The Crisis of the Italian Renaissance*(Princeton University Press, 1966), pp.282~3.

3) *The Discourses of Niccolò Machiavelli*, trans. by L.J. Walker, Jr., vol.2(London, 1975), pp.271~305.

4) Jacob Burckhardt, *The Civilization of Italian Renaissance*, tr. by S.G.C. Middlemore(New York, 1958), vol. I, pp.144~5.

5) P.O. Kristeller, et al. eds., *The Renaissance Philosophy of Man*(The University of Chicago Press, 1848), pp.78, 83~4, 115

6) 진원숙, 「르네상스 휴머니즘의 혁신성」(『大丘史學』 제56집, 1998), pp.169, 175.

7) Cf. 진원숙, 『마키아벨리와 국가이성』(신서원, 1996), pp.92~5; *The Humanism of Leonardo Bruni*, tr. and intro. by G. Griffiths, J. Hankins, and D. Thompson(New York, 1987), pp.9, 23; P.O. Kristeller, "Renaissance Humanism and Classical Antiquity", *Renaissance Humanism*, ed. by A. Rabil (Pennsylvania University Press, 1991), vol. I, pp.10~11.

8) Cf. 진원숙, 「시민적 휴머니즘과 이탈리아어」(古凡 鄭萬得敎授 停年記念論叢 『歐美史의 眺望』, 古凡 鄭萬得敎授 停年記念論叢 刊行委員會, 1998); idem. 「르네상스 휴머니즘의 혁신성」(『대구사학』 52집, 1998).

9) Charles Trinkaus, "Renaissance Humanism, Its Formation and Development", in *The Scope of Renaissance Humanism*, ed. by C. Trinkaus(The University

of Chicago Press, 1984), p.4.

10) N. Cantor and S. Berner, eds., *Early Modern Europe 1500~1815*, 진원숙(역), 『서양근대사 1500~1815』(혜안, 2001), pp.69~80.

11) Alfred von Martin, *Sociology of the Renaissance*(London, 1998), p.5.

12) Martin, *Sociology of the Renaissance*, pp.1~9.

13) Burckhardt, *The Civilization of the Renaissance in Italy*(I), pp.144~5.

14) Cf. 진원숙(역), 『서양근대사 1500~1815』, pp.41~2 ; 진원숙, 『마키아벨리와 국가이성』(신서원, 1996), pp.538~47.

15) W.K. Ferguson, Renaissance Economic Historiography, in *Social and Economic Foundations of the Italian Renaissance*, ed. by A. Molho(London, 1969), pp.117~23.

16) A. Steedman, *Knights of Art : Stories of the Italian Painters*, 강주현(역), 『액자 밖 화가 이야기』(작가정신, 2001), pp.16~9.

17) Burckhardt, *The Civilization of the Renaissance in Italy*(I) p.147.

18) J.B. Ross and M.M. McLaughlin, eds. The Portable Renaissance Reader (New York, 1968), pp.432~4.

19) E. Fuchs, *Illustrierte, Sittengeschichte vom Mittelaltar bis zur Gegenwart: Renaissance*, 이기웅·박종만(역), 『풍속의 역사 II 르네상스』(까치, 1986), pp.6, 45.

20) G.A. Brucker, ed, *The Society of Renaissance Florencetine: A Documentary Study* (New York, 1971), passim.

21) Cf. 진원숙, 「Humanism과 Humanist의 어원 및 초기의 의미」(『嶺南史學』 제14집, 1996), pp.324~5.

22) Cf. P.O. Kristeller, "Humanism", in *The Cambridge History of Renaissance Philosophy*(Cambridge University Press, 1988), pp.113~4.

23) D. Weinstein, "In Whose Image and Likeness" *Journal of the History of Ideas*, vol. 33(1972), p.166 ; P.O. Kristeller, "Studies on Renaissance Humanism in Last Twenty Years", *Studies in the Renaissance*, vol. 9(1962), p.17 ; Trinkaus, "Renaissance Humanism, Its Formation and Development", pp.26~7 ; L. Martines, *Power and Imagination*(New York, 1980), p.262

24) Cf. 진원숙, 「한스 바론과 시민적 휴머니즘」(『계명사학』 제7집, 1996), pp.107~123. 바론은 최초의 인문주의자였지만 중세적 생활태도와

근대적 그것 사이에서 애증적 자세를 취했던 페트라르카를 '꿀과 젖이 흐르는 가나안에 들어가지 못한' 모세에 비유했다[Cf. Hans Baron, "Moot Problems of Renaissance Interpretation", *Journal of the History of Ideas*, vol.19(1958), p.28].

25) *The Humanism of Leonardo Bruni*, pp.53~4, 67~8.

26) Cf. 진원숙, 「르네상스 휴머니스트의 낙관적 인간관」(『西洋史論』 제41호), pp.103~16, 129~36 ; idem, 「피치노와 피코의 인간존엄관」, pp.117~21 ; idem, 「휴머니스트의 인간관과 Pico의 자유의지」(『九谷 黃鍾東教授 停年紀念 史學論叢』, 九谷 黃鍾東教授 停年紀念 史學論叢 刊行委員會, 1994), pp.557~69.

27) Cf. 진원숙, 「르네상스 휴머니즘의 혁신성」(『大丘史學』 제56집, 1998).

28) Cf. 진원숙, 「시민적 휴머니즘과 이탈리아어」.

29) F. Guicciardini, *The History of Italy*, tr. by S. Alexander(London, 1969), p.32.

30) Cf. W.K. Ferguson, *Renaissance in Historical Thought*, 진원숙(역), 『르네상스 사론』(집문당, 1991), pp.396~459 ; 진원숙(역), 『서양 근대사 1500~1815』, pp.47~50, 54~7.

31) Burckhardt, *The Civilization of the Renaissance in Italy* (I), p.143; J. Huizinga, *Men and Ideas : History, the Middle Ages, the Renaissance* (London, 1960), p.283. 진원숙(역), 『르네상스사론』, pp.445~8.

쉼터